A Monsieur Toussaint.
Bon et Cordial Souvenir.
Éd. Thierry

CHARLES VARLET

# DE LA GRANGE

ET SON REGISTRE

J. Claye, imprimeur
r. St Benoît, 7, à Paris

CHARLES VARLET

# DE LA GRANGE

ET

SON REGISTRE

PARIS

IMPRIMERIE DE JULES CLAYE

RUE SAINT-BENOIT

—

1876

# CHARLES VARLET
# DE LA GRANGE
## ET SON REGISTRE

Il y eut un homme qui fut l'élève et l'acteur préféré de Molière, son camarade pendant quatorze ans, l'orateur, par son choix, et le chef en second de sa Troupe, le premier éditeur autorisé de son Théâtre complet, inséparable ainsi de sa mémoire, et qui mérita tous ces bonheurs par son talent, par son caractère, par l'attachement le plus dévoué : cet homme fut Charles Varlet de La Grange.

En relevant, de 1659 à 1685, le programme de tous les spectacles donnés dans les trois salles du Petit-Bourbon, du Palais-Royal et de Guénégaud, avec le chiffre de la recette et celui du partage; en ajoutant çà et là une courte mention des principaux incidents qui intéressaient la Compagnie, La Grange, sans y prendre garde, s'est trouvé faire une histoire inappréciable des origines du Théâtre-Français, ce *Registre* ou ce *Livre de La Grange* que la Comédie-Française présente au public, et dont la première partie n'est rien moins que le journal de la Troupe de Molière.

Du reste, historien à son insu ou bien à son escient,

que La Grange tienne au courant son *Extrait des receptes*, ou qu'il écrive pour le *Molière* de 1682 la vie du maître dont il a recueilli les œuvres, on le reconnaît toujours au même procédé exact et sérieux. Il dit les choses telles qu'elles sont, nettement, sobrement; attentif à ne parler que de celles qui ne sont pas confidentielles, discret sur lui-même et sur les autres : sur les autres par une délicate réserve, sur lui-même par l'effet d'une modestie naturelle qui le porte d'abord à s'oublier.

A force de s'oublier, le comédien célèbre, orateur de trois Compagnies, n'a laissé aucun souvenir à peu près certain de sa naissance et de sa première jeunesse.

Bordelon[1] a écrit et l'on a répété que La Grange était né à Amiens. M. Jal, qui ne s'en tenait pas volontiers aux redites, s'en est pourtant tenu à celle-ci, faute de rencontrer mieux. Il admet donc la version qui fait naître La Grange au chef-lieu de l'ancienne Picardie, encore ne l'admet-il que par complaisance, et sa prudence semble justifiée, s'il est vrai que les archives du département de la Somme, récemment consultées, n'aient fourni aucun renseignement sur La Grange, ni sur sa famille[2].

Ce qui est vrai, c'est que le père de La Grange s'appelait Hector Varlet[3] et non pas Beauvarlet, comme dit Bordelon; sa mère, Marie de La Grange.

Hector Varlet et Marie de La Grange habitaient Paris

1. *Diversités curieuses*, 1699, 2e partie, p. 220.

2. M. Jal avait donc été plus heureux dans ses recherches. Après avoir décrit les deux blasons très-historiés de La Grange et de Marie Ragueneau sa veuve : « Tous les Varlet Picards, dit-il, n'avaient pas les mêmes armes... Je vois dans l'*Armorial d'Amiens*, 1697 (Ms. Bibl. Imp.), qu'un Joseph Varlet, avocat au présidial et assesseur à la mairie d'Amiens, avait trois pattes de loup pour son blason. » *Dictionnaire critique de biographie et d'histoire*, article LA GRANGE.

3. Jal, *Ibid*.

en 1634 ; ils y demeuraient sur la paroisse Saint-Germain l'Auxerrois. Leur acte de mariage le constate[1]. Le marié s'y qualifiait de noble homme et l'épousée de damoiselle. L'Église, confiante, se contentait alors du dire de ses enfants et n'avait garde d'aller aux preuves; mais il n'importe. Deux ans plus tard, le jeune ménage était à Montpellier; deux ans encore après, il y faisait ondoyer tour à tour deux enfants nouveau-nés : Achille Varlet le 17 décembre 1636[2], Justine-Françoise le 14 mai 1638.

Après la naissance de leur fille, Hector Varlet et sa femme quittent Montpellier. Qu'étaient-ils venus y faire? On l'ignore. Jusqu'à la découverte de l'acte de mariage de La Grange, Hector Varlet passait pour avoir été procureur; son fils, dans l'acte en question, le qualifie « capitaine du château de Nanteuil ». Si l'on savait au juste quelle était cette sorte de capitainerie, s'il était reconnu qu'elle n'eût été qu'une fonction civile, une direction d'octroi, par exemple, rien n'empêcherait de croire qu'Hector Varlet, d'abord clerc de procureur, était venu s'établir dans le Languedoc comme intendant de quelque grand domaine et qu'il avait ensuite échangé cette position subalterne contre le titre plus brillant de capitaine du château de Nanteuil. Le nouveau capitaine aurait donc repris alors le chemin de la Picardie, et, soit qu'il ne fît que passer par Amiens, soit qu'il y séjournât, c'est là qu'il serait devenu ou qu'il devint effectivement père de Charles Varlet.

1. Jal, *Dictionnaire critique*.

2. Il est juste aussi de dire qu'en 1869, le père d'un des jeunes poëtes du théâtre, M. G. Ferrier, adjoint alors au maire de Montpellier, voulut bien prendre le soin de diriger des recherches très-sérieuses dans les archives du département de l'Hérault, pour y retrouver ces deux naissances, et que les recherches n'ont donné aucun résultat.

A ce compte, Charles se trouve le cadet de son frère, et la date de sa naissance se place naturellement vers la fin de 1639 ou le commencement de 1640. Elle aurait pu à la rigueur se placer entre 1634 et 1636, c'est-à-dire entre le mariage d'Hector Varlet et la naissance d'Achille, ce qui eût fait La Grange Parisien et l'aîné de la famille; mais alors il aurait eu trente-six ou trente-sept ans lorsqu'il se maria, le 24 avril 1672; et lui-même ne s'en est donné que trente-trois sur son acte de mariage.

Quoi qu'il en soit, si nous prenons l'année 1639 pour l'année où naquit La Grange, — trois ans à peine écoulés, Achille et Justine-Françoise sont à Paris, présentés le 12 février 1642 à l'église Saint-Nicolas-des-Champs, où ils reçoivent les dernières cérémonies du baptême.

Voici donc encore un point hors de doute : la famille Varlet était de retour à Paris en l'année 1642, l'année du *Menteur*, celle où Bellerose joua d'original le rôle de Dorante avec le magnifique habit donné par Richelieu. Qui aurait dit que le petit Charles Varlet (où était-il alors?) deviendrait un jour, dans ce même rôle de Dorante, un des plus brillants successeurs de Bellerose?

Avant d'arriver là, l'enfant devait perdre son père et sa mère. Un tuteur se chargea d'élever les trois orphelins et de les dépouiller suivant la coutume. Le *mineur* de Laîgnet, *mis à sec* par ses deux tuteurs, récite ce mélancolique dizain, gravé au bas de l'image populaire :

Je ne sais pas si, par cautèle,
Mon père avait ses biens acquis;
Mais, Atropos l'ayant conquis,
Jeunet, je fus mis en tutelle,
Où j'ai été fort maltraité;
Car mes tuteurs ont tant *tuté*
Qu'un pied de terre ne se treuve :

Si bien que, pour vivre en repos,
Ainsi que plusieurs à la Grève,
Je vis, les crochets sur le dos.

Ce fut l'histoire des enfants Varlet, pour le début du moins. Leur tuteur *tuta* dans les règles. On sait ce que cela veut dire. Las de contestations et de chicanes, les deux frères abandonnèrent tout. Leur sœur Justine était en religion. Tranquilles sur celle qui avait trouvé le port, ils s'en allèrent au-devant de l'orage et de l'aventure.

L'aventure, il n'était pas besoin de la chercher sur les mers; plus d'un enfant de famille la trouvait ailleurs au XVIIe siècle : dans une étrange région, sacrée jadis, puis frappée d'anathème; fermée à coups de foudre, et rouverte plus tard sans cesser d'être interdite; traversée par quelques tribus nomades, et exerçant sur les jeunes imaginations le charme des entreprises téméraires; cette région, c'était le monde du théâtre. Achille et Charles Varlet avaient reçu une éducation distinguée. Sans biens désormais, comme sans parents, quel espoir d'une position qui les remît au niveau de leurs premières visées? Quel chemin prendre qui ne descendît pas? — Celui que prend Clindor dans *l'Illusion comique* pour arriver à la faveur des ministres et des princes, celui que, dix ans après Clindor, prenait un autre *enfant de famille,* le fils du tapissier Poquelin, pour devenir Molière.

Ils se firent comédiens; et comme, depuis la déclaration de 1641, — la profession étant relevée de roture, — personne ne s'engageait plus en si bonne compagnie qui n'eût un nom de qualité, Charles Varlet s'appela de La Grange, du chef honoré de sa mère; Achille s'appela de Verneuil, comme qui dirait de Nanteuil, en mémoire de son père.

Une fois comédiens, comédiens de campagne, c'était

le début obligé. La Grange et Verneuil avaient chance de se rencontrer sur le chemin de Molière. La Grange s'y rencontra. Vers quel temps et en quel lieu? A supposer qu'il devint acteur entre dix-sept et dix-huit ans, il aurait pu se trouver à Béziers vers la fin de 1656, à Lyon en 1657, à Avignon ensuite, ou bien encore à Lyon dans les premiers mois de 1658, ou même à Rouen après Pâques. Rien de tout cela n'est inadmissible.

Lorsque La Grange, constatant que Paris n'eut la primeur ni de *l'Étourdi*, ni du *Dépit amoureux*, écrit à la seconde page de son Registre :

« *L'Étourdi*, comédie du sieur Molière, passa pour nouvelle à Paris... Cette pièce de théâtre a été représentée pour la première fois à Lyon, l'an 1655.

« *Le Dépit amoureux*, comédie du sieur de Molière, passa pareillement pour nouvelle à Paris... Cette pièce de théâtre a été représentée pour la première fois aux états de Languedoc, à Béziers, l'an 1656. M. le comte de Bioule, lieutenant de Roi, présidant aux États. »

Outre le désir d'être exact, ne sent-on pas aussi là-dessous je ne sais quelle secrète satisfaction du témoin qui prend son avantage?

Et j'y étais, j'en sais bien mieux le conte!

« Ces deux pièces nouvelles, ou telles pour Paris (c'est la troisième fois), ne contribuèrent pas peu au succès de la Troupe, où il y eut du changement à Pâques de l'année 1659. »

Du changement, oui sans doute, et plus d'un changement. Gros-René d'abord, un camarade de Lyon, quittait Molière et passait au Marais avec sa femme, la belle M^lle^ Du Parc. Du Fresne, qui avait suivi Molière depuis 1648, — depuis Nantes, — prenait sa retraite.

Par contre, l'Espy et le fameux Jodelet, son frère (le Cliton du *Menteur*, le Jodelet de Scarron!), Du Croisy, M^lle^ Du Croisy et La Grange entraient dans la Troupe de Monsieur, les deux premiers venant du Marais, par un chassé-croisé, les trois autres d'où? Peu importe. « Acteurs nouveaux à Paris », écrit La Grange. Rien de plus. Il le sait, et n'a pas besoin de se le dire.

Ici enfin l'incertitude cesse, l'obscurité se dissipe et le comédien arrive à la lumière, — la lumière de la rampe.

Une fois engagé au Petit-Bourbon, il est bien de la Troupe de Molière, il en est avec bonheur; pas encore assez pourtant à son gré. Comme il n'y est entré qu'à la réouverture d'avril 1659, les comédiens de la première heure ont débuté sans lui. C'est là son regret; mais les six mois qui lui manquent, il les donne à son Livre, en y attachant un bref récit de l'année précédente. Par ce moyen, son Livre a l'âge de la Troupe de Monsieur et date aussi de 1658. Le fameux spectacle du 24 octobre, donné devant le Roi dans la salle des Gardes du vieux Louvre et qui fixe définitivement Molière à Paris, l'arrangement conclu entre sa Troupe et la Troupe italienne pour le partage du Théâtre du Petit-Bourbon, le tableau du premier personnel, les deux premières représentations (à Paris) de *l'Étourdi* et du *Dépit amoureux*, tout y est mentionné en deux pages. Son Livre ainsi mis au complet, La Grange n'a plus rien à désirer pour lui-même; il est un des aînés de la famille.

Sa vie commence ou recommence; son Registre est ouvert, et, dès les premières lignes, à la date du 11 mai, il y inscrit un triste événement.

Le 11 mai 1659, la Troupe de Monsieur donnait deux représentations de *l'Étourdi*, l'une au Louvre, pour Sa Majesté, l'autre au Petit-Bourbon pour le public. Celle-ci se passa bien; mais, à la cour, Joseph Béjard, Béjard le bègue, comme on disait, se trouva si souffrant qu'il eut peine à continuer. Il alla jusqu'au bout cependant, prit le lit après le spectacle, et ne se releva plus. Le 22, ses camarades fermaient leur théâtre, et, le 26, Molière conduisait au tombeau cet ami de sa jeunesse, qui, frappé le premier sur la scène, lui donnait l'exemple d'achever son rôle avant de s'en aller mourir.

On a dit que Joseph Béjard jouait Pandolfe. S'il en était ainsi, il y avait entre les deux funestes aventures un autre point de ressemblance. Pandolfe et Argan venaient l'un et l'autre de faire le faux mort, — Pandolfe à son insu, — lorsqu'ils passèrent tous deux de la fiction à l'irréparable réalité. Il est probable toutefois que J. Béjard jouait *l'Étourdi* lui-même. Le rôle de Lélie lui appartenait depuis Lyon, comme celui d'Éraste depuis Béziers, et les comédiens de ce temps-là gardaient longtemps leurs rôles. La Grange recueillit l'héritage. Le temps d'étudier sous Molière, il entra dans *le Dépit amoureux* le 14 du mois suivant, et le 21 dans *l'Étourdi*, enlevant presque au pauvre Béjard, par un droit du succès, l'honneur d'en rester l'acteur d'origine.

A partir de là, Molière ne donne pas une seule pièce où La Grange ne figure la jeunesse, la grâce et la tendresse, l'honnête homme accompli qui aime de toutes les délicates, généreuses et véritables façons d'aimer. La Grange est son comédien. Le jour où Mascarille présente Jodelet au public, dans *les Précieuses ridicules* : « le vicomte de Jodelet et son meilleur ami! » Molière a commencé par présenter La Grange. Le rideau se lève : « Seigneur La Grange? — Quoi? — Regardez-moi un peu sans rire. » Et voilà les présentations faites.

Jodelet meurt l'année d'ensuite; car ce n'est pas tout

de faire rire, il n'en faut pas moins payer tous ses tributs à l'humaine misère. Du Parc et sa femme, qui avaient eu le tort de quitter le Petit-Bourbon pour le Marais, reviennent du Marais au Petit-Bourbon, et Molière, à l'occasion de leur retour, tue le veau gras, que l'on mange en famille dans la joyeuse folie du *Cocu imaginaire*. La Grange est naturellement de la fête. Lélie de *l'Étourdi*, Lélie de *Sganarelle*, il va bien aux deux rôles. Il a cette vive et généreuse loyauté de son âge, qui travaille à tout coup contre elle-même, cette impatiente promptitude de l'amour qui se désespère à tout propos. Il est le contraste le mieux choisi pour faire ressortir la fourbe impudente de Mascarille et la grotesque caricature de Sganarelle, pour pousser à bout la visionnaire jalousie de l'un et l'héroïque intrigue de l'autre.

En même temps, sous le gracieux comédien, se dessine déjà l'homme régulier et qui compte. Lorsque Madeleine Béjard, la sœur aînée d'Armande, se défait, en le revendant à la Troupe, d'un lot de décors usés, reste de ses anciennes entreprises avec Molière, La Grange, chargé de la dissolution de Société, car c'en est une de tout point, a bien l'air d'avancer à ses camarades les trois ou quatre cents livres qu'on demande pour ce matériel de campagne, las de cahoter sur les chemins, qui n'a plus à recommencer, Dieu merci!

Il n'eût pourtant pas fallu en répondre. Molière ne manquait déjà pas d'ennemis qui, volontiers, l'eussent vu reprendre la route de Lyon ou de Grenoble. L'Hôtel de Bourgogne avait pu souffrir les nouveaux comédiens, tant qu'ils s'excusaient modestement de jouer *Nicomède*, en cadets de tragédie, ou que le public, tout en applaudissant *l'Étourdi* et *le Dépit amoureux*, ne faisait pas autrement d'accueil à ces deux pièces qu'à *l'Écolier de*

*Salamanque* ou à *la Belle invisible*. On n'en était plus là vers la fin de 1659. La vogue était décidément à Molière. Après le grand succès des *Précieuses*, celui de *Sganarelle* était venu prouver que le premier n'était pas une surprise, et que l'auteur-comédien, qui avait gagné les deux parties, avait un rare secret pour mener le jeu à coup sûr.

Outre le dépit naturel au joueur contre qui tourne la chance, l'Hôtel de Bourgogne se sentait piqué par un autre endroit. Les nouveaux venus s'étaient permis de railler les *Grands comédiens*, ou tout au moins de les vanter avec une certaine ironie, et le public y avait entendu malice. Il avait ri. C'était un manque de respect qu'on pouvait lui passer à la rigueur, — on passe tout au public; — mais on était loin de le pardonner au trop heureux Mascarille. Les amis de l'Hôtel prenaient parti dans cette émotion et ne souhaitaient pas moins à Molière qu'une seconde déconfiture comme celle de l'Illustre-Théâtre. M. de Ratabon, surintendant des bâtiments du Roi, devait être un des amis de l'Hôtel. Sans attendre un revers du Petit-Bourbon il commença par mettre le marteau sur l'édifice et par le jeter bas sans crier gare.

Il faut dire que l'Hôtel du Petit-Bourbon était condamné. Le bâtiment gênait Perrault, qui avait besoin de la place pour les chantiers de la colonnade du Louvre; mais les comédiens n'avaient pas été avertis de se pourvoir tout de suite ailleurs. Un jour, le 11 octobre 1660, pour première sommation, Molière et sa Troupe se trouvèrent sans théâtre. Dans ce désastre imprévu, à qui se plaindre? au Roi. Le Roi se fâcha en effet contre le brutal démolisseur, et ne s'en tint pas là. Ordre à M. de Ratabon d'installer sur-le-champ Molière dans la salle de spectacle du Palais-Royal. Le coup était victorieusement paré. Malheureusement, le superbe théâtre construit par Richelieu tombait en ruine. La charpente était pourrie, le plafond croulant. Avec toutes les allées et venues, les démarches dans les bureaux, les travaux menés de mauvaise humeur, le temps se perdait. L'Hôtel de Bourgogne et le Marais travaillaient, chacun pour son compte, à désorganiser la Troupe de Monsieur ; mais la Troupe tint bon : « Tous les acteurs, écrit La Grange, aimaient le sieur de Molière, leur chef, qui joignait à un mérite et une capacité extraordinaires une honnêteté et une manière engageante qui les obligea tous à lui protester qu'ils voulaient courir sa fortune, et qu'ils ne le quitteraient jamais, quelque proposition qu'on leur fît et quelque avantage qu'ils pussent trouver ailleurs. »

Lignes précieuses à tous les titres. Elles donnent en quelques mots un digne et attachant portrait de Molière ; elles résument une délibération des comédiens, la plus honorable pour leur chef, la plus décisive pour l'avenir de la Comédie. Elles indiquent bien la part de La Grange dans cette protestation de fidélité qu'il entraîne. On l'y voit rendant, dès le début, témoignage à son maître et lui disant : « Vous êtes Molière », comme si l'auteur de *Sganarelle* eût déjà fait *le Misanthrope*. Molière lui rendra témoignage à son tour, et lui confiera les destinées de son Théâtre.

Le danger de la dispersion conjuré, la Troupe n'avait plus qu'à laisser passer la fin de la bourrasque. Avec la protection du Roi et la faveur du public, tout devenait facile, même d'attendre, et on attendit, en donnant des représentations partout où on était appelé : à la cour[1] ;

1. Pendant les trois mois que M. de Ratabon mit, pour sa pénitence, à réinstaller les expulsés du Petit-Bourbon dans la salle du Palais-Royal, la Troupe de Monsieur eut l'honneur de jouer six fois devant le Roi, une fois à Vincennes et cinq au Louvre. Une de ces repré-

chez M. Sanguin; chez le duc d'Aumont; chez le surintendant des finances; chez le maréchal de la Meilleraye, à l'Arsenal; chez M. de la Basinière; le duc de Roquelaure; le duc de Mercœur et chez le comte de Vaillac. Faute de théâtre, la Troupe de Monsieur avait tous les grands hôtels de Paris pour y donner des représentations *en visite,* c'était le mot. Nous dirions aujourd'hui en ville ou en soirée.

Le Palais-Royal s'ouvrit le 20 janvier 1661. Le 4 février, La Grange joua le rôle de don Alphonse dans une pièce nouvelle de Molière : *Dom Garcie de Navarre,* ou *le Prince jaloux,* comédie héroïque. Molière, abusant cette fois de la fortune, défiait les grands comédiens dans leur propre genre. Assurément la victoire eût été belle, et le lieu (la salle de *Mirame!*) en aurait doublé l'éclat; mais il fallait aussi vaincre deux fois; Molière n'y avait pas assez pris garde. Outre la vieille renommée de ses adversaires, il allait mettre son succès même contre lui. Pour avoir raison de cette témérité, les partisans de l'Hôtel n'eurent qu'à s'allier avec les admirateurs de Sga-

sentations, celle du 26 octobre, fut curieuse. La Grange n'en dit qu'un mot, mais c'est beaucoup pour sa réserve habituelle. On jouait *l'Étourdi* et *les Précieuses ridicules* chez le cardinal de Mazarin, qui, déjà languissant, resta dans sa chaise. « Le Roi, écrivit d'abord La Grange, vit la comédie, debout, appuyé sur le dossier de ladite chaise de Son Éminence. » Puis, en se relisant, il craignit sans doute de se trouver trop bref envers la majesté royale, et, au-dessus du mot *debout,* il ajouta « *incognito* » entre les lignes, pour expliquer cette attitude singulière. Enfin, par surcroît de précaution, il remit à la marge de son Journal : « *Nota* que le Roi vit la comédie incognito et qu'il rentrait de temps en temps dans un grand cabinet. »

Le grand cabinet n'y fait pas grand'chose; reste toujours le point délicat : malgré la mauvaise santé du cardinal, malgré la fiction de l'*incognito,* Louis XIV, tout jeune qu'il était, se fût-il tenu debout derrière Mazarin dans sa chaise, s'il n'eût respecté en lui plus que le ministre et le favori de sa mère?

narelle, et, tout d'une voix, Sganarelle fut condamné au comique. Sganarelle n'en appela pas de ses amis. S'il accepta ou s'il subit la condamnation, peu importe; le plus certain, c'est qu'il en tira sa gloire, et, pour commencer, le plus parfait de ses petits chefs-d'œuvre : *l'École des Maris.*

Après deux siècles, tout s'en est conservé, de cette exquise comédie, jusqu'aux jeux de scène, *écrits* pour vivre autant que les vers. Quel effet dut produire, dans la nouveauté de l'ouvrage, cette pantomime que nous admirons encore aujourd'hui : ces promptes et furtives répliques du regard échangées entre Valère et Ergaste, ces gestes en écho, ces mouvements du maître et du valet, si bien concertés l'un sur l'autre, ce gracieux tableau en action, ce groupe à trois si bien réussi : l'adroite Isabelle, cajolée par son tuteur et tendant par derrière à Éraste une main qu'effleure à la dérobée la lèvre de son jeune amant!

L'amant, c'était La Grange; Isabelle, Mlle de Brie; Sganarelle, Molière. Au moment du premier succès, la gravure (gravure ou imagerie?) s'est hâtée de les reproduire. Nous les avons tous les trois en tête de *l'École des Maris* [1] (Paris, Sercy, 1661) médiocrement flattés,

1. Sans parler du portrait de La Grange que M. Hillemacher a reproduit d'après Sauvé pour sa *Galerie historique des portraits de la Troupe de Molière,* on peut rappeler ici que La Grange figure, indiqué d'un trait microscopique, dans le personnage d'Apollon, sur la deuxième et la troisième planche des *Plaisirs de l'île enchantée;* plus visible dans celui d'Euryale, à côté de Molière (Moron), sur la septième planche, qui représente le dénoûment de *la Princesse d'Élide.*

Seize ans après la célèbre Fête de Versailles, de Visé, ayant, avec Thomas Corneille, son grand succès de *la Devineresse,* se donna le luxe d'un almanach-estampe pour l'année 1680. L'almanach de *la Devineresse* nous montre encore La Grange dans deux scènes, l'une (acte III, sc. XI), où Mme Jobin cherche à effrayer le Marquis par le prodige

avouons-le, et bien plutôt maltraités par un crayon bourru, mais tels que les a vus un spectateur attentif et dont la mémoire a gardé une impression fidèle : Molière, avec la moustache en parenthèse, l'œil attendri et confiant, la fraise au cou, le bonnet plat sur la tête ; M^lle de Brie, câline, inquiète, l'œil attaché sur l'Argus qu'elle affine, plus grande qu'on ne s'attendrait à la voir, si l'on songe à Agnès ; mais de la taille de la Vénus tragique qu'elle jouait dans *Psyché*, ou de Plautine dans *Bérénice*; La Grange, jeune et mignon, perruque blonde, baudrier brodé, plumes et canons de beau volume, ravi, respectueux, incliné avec grâce, le véritable amoureux du théâtre des honnêtes gens et des amoureux par excellence.

On dit que le comédien meurt tout entier; est-ce une vérité bien vraie? En se retirant de la scène, le comé-

d'un corps dépecé qui rajuste ses membres, l'autre (acte V, sc. v), où le vaillant incrédule oblige un faux démon à se rendre, le pistolet sur la gorge.

Si négligemment qu'aient été gravées ces scènes de comédies, on reconnaît pourtant bien, dans le Marquis de *la Devineresse*, le Valère de *l'École des Maris*. C'est le même comédien, avec la différence des années et des modes qui changent : tenue élégante, taille un peu au-dessus de l'ordinaire, tête petite et jeunesse de physionomie qui doit survivre à l'âge.

Mais le portrait le plus gracieux et le plus digne de La Grange est celui-ci, de la main de La Fontaine. Isabelle parle de l'acteur Le Destin qu'elle feint de ne pas connaître :

> Je ne sais. Je l'ai pris pour ce comédien.
> Si jeune, si bien fait, qui déclame si bien,
> Qu'on aime tant, et qui, quand la pièce est finie,
> Vient toujours saluer toute la compagnie
> Et faire un compliment.
> (*Ragotin*, acte I, scène III, 1684.)

A supposer que La Fontaine n'ait pas cherché l'allusion, il l'aurait rencontrée par un heureux hasard. La ressemblance est singulière.

dien supérieur ne laisse-t-il rien de lui dans les beaux rôles qu'il a joués d'original, qui ont été faits pour sa personne et son talent, avec son talent et sa personne?

Est-ce qu'il n'y a pas entre l'acteur et l'auteur une collaboration permanente et naturelle, si naturelle qu'elle n'est même pas remarquée? Est-ce que l'acteur n'apporte pas à cette collaboration toutes ses qualités que l'auteur met en œuvre, tous les effets éprouvés ou nouveaux de son jeu, toute sa part de leurs succès communs dont l'auteur s'apprête à tirer d'autres succès?

Du Valère de *l'École des Maris,* que La Grange, après Molière, a fait si élégant et si tendre, Molière a refait aussitôt le plus adolescent, le plus épris, le plus brillant de ses amoureux, Horace de *l'École des Femmes.* Éraste, des *Fâcheux*, est un Horace qui sait mieux le monde, Parisien acclimaté, mais impatient, agacé contre tous les sots qui traversent son rendez-vous, plus persécuté par le guignon que par le tuteur d'Orphise, toujours Horace en somme, et toujours La Grange.

Pour le Marquis de *la Critique,* La Grange n'en a pas fourni le modèle. Cette fois, le rôle ne s'est pas façonné sur lui; l'habile comédien s'est façonné sur son rôle. Dans *l'Impromptu de Versailles* comme dans *les Précieuses,* son rôle et lui ne font qu'un, il s'y appelle de son propre nom. C'est dans *l'Impromptu* que Molière lui donne devant les siècles littéraires ce brevet de maître en comédie : « Pour vous, je n'ai rien à vous dire. »

Il n'a rien à lui dire, parce qu'il lui a tout dit, de son art et du reste. Il n'a rien à lui dire, parce qu'il lui a tout confié, pensant devant lui, s'ouvrant avec lui de tout ce qui regarde la direction de sa Troupe. C'est La Grange désormais qui parlera pour Molière. C'est par La Grange que Molière fera faire l'*Annonce* et le *Compliment;* c'est sur lui qu'il se démettra de ses fonctions d'orateur, quand il prendra le parti de se taire, pour rester sage vis-à-vis de tout le monde, de ses ennemis de l'Hôtel qu'il laissera en paix après *l'Impromptu,* de la cabale qui le guette à la veille et au lendemain de *Tartuffe.*

Deux fois dans le cours de sa comédie, à l'aide de la fiction théâtrale, Molière a écrit le portrait de Mlle Molière, et deux fois sous le charme, charme du premier bonheur, charme d'un dernier raccommodement. Deux fois, La Grange a récité sur la scène cette louange passionnée, afin que l'applaudissement public la portât, mieux accueillie, à l'oreille qui devait l'entendre.

En 1664, c'était dans *la Princesse d'Élide,* où Mlle Molière était la Princesse et La Grange Euryale; en 1670, dans *le Bourgeois gentilhomme,* où il était Cléonte, où elle était Lucile. Euryale et Cléonte, un même cœur en des actions diverses, une même tendresse en des conditions différentes; plus libre, plus naturelle chez l'honnête homme sans titre, autorisée par un mutuel accord; contrainte chez le prince d'Ithaque, et réduite à combattre de fières rigueurs par une feinte indifférence; chez l'un et l'autre, touchante en son langage, persuasive par cette douceur et cette sincérité d'accent qui étaient de don naturel chez La Grange.

On se demande comment, avec cette douceur modeste, La Grange se trouva le Don Juan du *Festin de Pierre.* Comme un véritable comédien d'abord, qui se compose, suivant l'expression de Molière, pour « bien représenter un personnage contraire à son humeur », et comme un comédien gracieux, chargé de tempérer par ses qualités aimables l'odieux du personnage.

Il y a deux hommes dans Don Juan, celui qui commence la pièce et celui qui la termine : l'un, jeune et ardent au plaisir, amant toujours nouveau de la beauté toujours nouvelle, si plein d'éloquence et de séduction qu'il éblouit Sganarelle lui-même; l'autre, profanateur du cloître et du tombeau, qui n'a foi qu'au néant, et ne semble un moment se retourner vers Dieu que pour le braver de plus près, en s'assurant, par la grimace de la dévotion, l'impunité sur la terre. Chacune des deux parties du rôle demandait son comédien, La Grange et Molière, par exemple. Molière aurait été admirable dans la seconde, mais il aurait fait peur. La Grange rassura presque. A défaut de Molière, quel autre de ses comédiens eût été plus pénétré de son esprit? quel autre aurait accentué avec une finesse plus incisive le grand couplet sur l'hypocrisie, cette terrible revanche de *Tartuffe* supprimé?

Entre Molière et La Grange, on ne saurait trop le répéter : d'un côté, confidence complète; de l'autre, concours sans réserve. Du jour où Molière lui céda la parole de la Compagnie[1], La Grange en usa pour faire le calme dans le parterre, pour apaiser une à une toutes ces inimitiés avec lesquelles le génie, qui s'en joue d'abord, se lasse bientôt d'être en guerre, pour communiquer à la Troupe de Monsieur, devenue troupe du Roi[2], son dévoue-

1. Ce fut en novembre 1668. « Vendredi 14me, écrit La Grange, j'ai commencé à annoncer pour Monsr de Molière. »

Ce jour-là, le Palais-Royal donnait la 3e représentation de *la Princesse d'Élide*. Molière, qui jouait Lyciscas et Moron, qui était de trois intermèdes et peut-être du ballet final, eut au besoin la raison de la fatigue pour mettre La Grange à sa place.

2. Ce fut encore un vendredi 14 que la Troupe de Monsieur fut promue à cette dignité : « Vendredi 14me août (1665) la Troupe alla à Saint-Germain-en-Laye. Le Roi dit au Sr de Molière qu'il voulait que sa Troupe dorénavant lui appartînt, et la demanda à Monsieur. Sa Majesté donna en même temps six mille livres de pension à la Troupe

ment à l'intérêt de tous et le zèle du devoir dont il donnait l'exemple. Si peu de place qu'il eût à tenir dans une représentation, La Grange ne mesurait pas, il acceptait; et c'est ainsi qu'il joua tous ses rôles, les moindres comme les plus considérables : Acaste du *Misanthrope* (par ordre de dates), Lycaste du *Mariage forcé*, Acanthe de *Mélicerte*, Corydon dans la *Pastorale comique*, Adraste dans *le Sicilien*, Valère dans *Tartuffe*[1], Amphitryon, Clitandre de *Georges Dandin*, Éraste de *Pourceaugnac*, Iphicrate des *Amants magnifiques*, Léandre des *Fourberies de Scapin*, et le Vicomte de *la Comtesse d'Escarbagnas*.

La Grange dut avoir un chagrin toutefois, ce fut lorsque Molière *distribua* sa tragédie de *Psyché*. Il y avait là un rôle d'amoureux, s'il en fut jamais, celui de l'Amour

qui prit congé de Monsieur, lui demanda la continuation de sa protection et prit ce titre : TROUPE DU ROI au Palais-Royal. »

1. Après la tumultueuse représentation de *Tartuffe*, qui eut lieu le 5 août 1667, et qui détermina la seconde défense de la Comédie, La Grange partit en poste avec La Thorillière (Cléante) pour porter au Roi *le Second placet* de Molière. Louis XIV était alors au camp devant Lille. Le débat entre le poète et la Cour du Parlement ne pouvait être jugé qu'à Paris. Sa Majesté évita de recevoir les deux comédiens, que Monsieur traita d'ailleurs comme s'ils n'eussent pas cessé d'être à lui. La Grange et La Thorillière revinrent avec cette réponse, que le Roi examinerait l'affaire à son retour, et *que la pièce serait jouée*.

C'était là ce que Molière demandait toujours et qui était toujours remis à d'autres temps. Sa plainte contre le livre du curé de Saint-Barthélemy (dans *le Premier placet*) n'avait pas d'autre but. Il ne demandait pas la suppression d'un ouvrage entièrement consacré à la gloire du Roi. Il sollicitait, par insinuation respectueuse, l'autorisation de se justifier devant le public, en mettant ses cinq actes à côté de la calomnie. Si *le Roi glorieux au monde* fut supprimé, c'est que l'auteur y traitait sans prudence toutes les questions politiques du jour et compromettait gravement le Roi, vis-à-vis de ses alliés comme de ses ennemis, par un maladroit enthousiasme.

On sait tout cela; peut-être sait-on moins que l'auteur, Pierre Roullé,

même. Rôle admirable! Molière l'avait esquissé, le grand Corneille l'avait écrit en pleine flamme, et pour qui? pour un autre! pour le Myrtil de *Mélicerte,* Baron adolescent et de retour. Il est vrai que Molière et La Grange s'étaient déjà mis d'accord, que La Grange avait fait son sacrifice et qu'il le compléta héroïquement, — ce qui rend un sacrifice plus aisé, — en se chargeant du triste rôle d'Agénor. Il est vrai aussi que Molière gardait un juste dédommagement à son ami, — Clitandre des *Femmes savantes.*

Clitandre et l'Amour, Molière ne s'y était pas trompé : à chacun son rôle. L'Amour au tragédien de dix-sept ans, bercé sur les genoux des Muses et nourri du lait de la chèvre divine; Clitandre au comédien né sur la terre et de bon lieu, formé dans la compagnie des gens de bien

s'excusant auprès du Roi, dans *le Dauphin,* complément du *Roi glorieux,* y fit, très-furtivement, amende honorable envers Molière. C'est à la fin de l'*Avis au lecteur.* Sous couleur de demander l'indulgence du public pour son nouvel ouvrage, le curé de Saint-Barthélemy la demande pour les autres et mêle ingénieusement le tout : « Je puis sans doute, par ignorance, confesse-t-il, avoir fait bien des fautes, mais vénielles, parce que non volontaires. Quand même elles seraient grandes et sans excuse, sensibles et évidentes, on me doit faire la grâce entière de les attribuer à mon affection plutôt qu'à quelque autre défaut dont on me fasse criminel, car je ne le suis véritablement pas; n'ayant rien fait en ce petit ouvrage, *non plus qu'en tous les autres précédents,* que par un pur amour et passion d'hommage et de respect envers Leurs Majestés, sans aucune vue d'intérêt et, en vérité même, *sans volonté quelconque de nuire à personne.* »

Molière dut avoir peine à le croire.

En écrivant son *Malade imaginaire,* peut-être songeait-il au *Dauphin* qui commence par quatre *Avant-propos* (sans compter *l'Avis au lecteur et l'Épître* à Mme la maréchale de Lamotte) : *Avant-propos* au Roi, à la Reine mère, à la Reine, au Dauphin. Comme l'auteur de ces prétentieuses sottises, le fils Diafoirus a des compliments pour tout le monde, et sa galante cuistrerie n'est pas sans avoir lu le ridicule phébus de P. Roullé.

et digne de les représenter à leurs yeux comme leur parfaite image.

On ne connaîtrait pas autrement La Grange, qu'on le reconnaîtrait dans Clitandre, comme dans un portrait de maître dont, au premier coup d'œil, on affirme la ressemblance. Clitandre est si bien un portrait, qu'il n'est presque pas autre chose, mais c'est assez. Comme personnage de théâtre, cherchez sa part d'action dans *les Femmes savantes;* vous y trouvez surtout sa place, qui est la première, et il y fait une grande figure. Clitandre a eu son roman, trois ans de martyre sous le joug d'Armande; mais le roman est fini. Étonné qu'il en est encore, il se laisse faire, il se laisse consoler, il se laisse aimer, oui, aimer par Henriette, d'une amitié compatissante à laquelle il répond d'une reconnaissante amitié, et les deux amitiés vont au mariage; mais c'est encore Henriette qui prend les devants et qui encourage Clitandre à demander sa main. Point d'agitation ni d'orages là dedans; une vive et affectueuse estime, un attrait mutuel entre deux personnes raisonnables et réciproquement touchées de leur mérite; mais le mérite et le charme réunis, c'était La Grange. La Grange l'acteur le mieux fait pour inspirer sur la scène, pour y ressentir cet amour profond, calme et complet auquel le mariage n'ôtera rien, qui s'accroît d'avance de la famille future, le seul que Molière n'eût pas encore mis dans son œuvre, qui devait en être l'achèvement et la moralité dernière, l'amour de raison, supérieur à l'amour de passion.

Tout vient à point avec les belles époques de l'art : l'auteur pour le comédien, le comédien pour l'auteur. Molière et La Grange se sont rencontrés, ayant besoin l'un de l'autre, et, par l'effet de cette rencontre, rien n'a manqué au plus élégant des acteurs de l'amour, rien n'a manqué non plus au poëte de la femme[1], au théâtre de toutes les tendresses.

Un rôle de plus, cette heureuse collaboration du talent qui interprète et du génie qui crée sera cruellement rompue. L'heure de Molière est déjà marquée. Triste signe : les 9 et 12 août 1672, vers la fin des représentations de *la Comtesse d'Escarbagnas,* La Grange écrivait sur son livre : « Mardi, néant, et vendredi : M. de Molière étant indisposé. » Les malheurs se rapprochent : « Mardi 11 (novembre), néant, à cause de la mort du petit Molière. » Décidément la mort est sur le Théâtre. Le 12 et le 13 décembre, La Grange, marié depuis le 25 avril[2], perd deux chères petites créatures,

1. Sans rechercher inutilement pourquoi le jeune Poquelin a voulu s'appeler Molière, on peut remarquer, comme simple rapprochement, que le nom choisi par le poëte de la femme est le nom de la femme elle-même : *Mulier. — Mulier, Mollis aër,* a dit un autre grand poëte de la femme (Shakespeare, *Cymbeline,* sc. XXV). Nous sommes encore plus près de Molière.

2. Le mariage avait eu lieu pendant la fermeture de Pâques, La Grange ne voulant pas prendre deux jours sur son service. « Le dimanche de Quasimodo, 24me avril 1672, écrit-il sur son livre, je fus fiancé, et, le lendemain lundi 25me, je fus marié à Saint-Germain de l'Auxerrois avec Mlle Marie Ragueneau de l'Estang. » Plus tard, il ajouta : « qui est entrée actrice dans la Troupe. »

Le même jour et à la même église avait lieu le mariage de J. Baraillon, costumier de la troupe du Palais-Royal, avec Mlle Brouart, sœur de Mlle de Brie.

On a dit (c'est Grimarest) que Mlle Marie Ragueneau, Marotte, d'un nom plus familier, avait été fille de chambre de Mlle de Brie. Pourquoi non? Le Destin, l'Olive et la Rancune, du *Roman comique,* ont chacun un valet « prétendant à devenir un jour comédien en chef »; et tel d'entre eux récite « déjà sans rougir et sans se défaire ». Ces sortes de valets étaient des élèves. On ne voit guère alors d'autre école pour la comédie, et, du reste, à Paris aussi bien que dans les Troupes de campagne, tout le monde faisait à peu près tout. Il se peut donc que Marotte eût servi de fille de chambre à Mlle de Brie; qu'elle eût représenté, en 1658, une Femme affligée dans la *Psyché* de Rouen; qu'elle

venues avant terme, que Molière avec Mlle de Brie, Verneuil avec Mlle Molière, ont tenues, sans illusion, sur les fonts de baptême. Et cependant Molière souffre. Ce n'est pas de jouer Zéphyre dans *Psyché* qui le fatigue. Une seule scène, ce qu'il fallait pour présenter au public l'Amour sous les traits de Baron, voilà le rôle; mais entre les représentations de *Psyché,* il y a une grande comédie-ballet à écrire, à faire apprendre, à faire répéter, danse et musique, en toute hâte. Le carnaval de 1673 est là. Le carnaval n'attend pas plus que Louis XIV. Il s'agit de le servir comme les royautés veulent être servies. Il s'agit encore, qui le croirait? de sauver le Théâtre.

Ainsi vont les choses. Pendant onze ans, Molière a eu un autre collaborateur, un collaborateur en nom, celui-là, un autre élève que La Grange. C'était Baptiste, Baptiste Lulli, ancien aide aux cuisines et violon-laquais de Mademoiselle; garçon d'esprit, ce Baptiste, effronté coquin, mais musicien d'heureuse veine et d'imagination théâtrale.

Molière, qu'il amusait, l'a produit chez le Surintendant. C'est avec lui, presque pour lui, qu'il a exécuté son dessein de fondre le ballet dans la comédie, et inventé la comédie mêlée de musique. Toujours généreux, toujours prompt à le prôner[1], à lui faire les honneurs du succès,

eût été, plus tard, sous ses deux noms, Marotte dans les *Précieuses ridicules,* Mlle Lestang à la recette, gagiste çà et là, suivant le besoin, en attendant *Psyché,* où elle fit Aglaure, et la *Comtesse d'Escarbagnas,* où elle joua la Comtesse. Singulier rôle pour être suivi d'un mariage! Mais que dire à cela? Peu de talent, assez peu d'agrément personnel et de jeunesse. C'était pourtant toute sa dot. La Grange, jeune, bien fait, brillant comédien, l'épousa sans lui demander davantage, sans se croire généreux ou seulement se trouver modeste.

1. Adieu, Baptiste le très-cher
N'a point vu ma courante, et je le vais chercher;

il l'a conduit par la main, des *Fâcheux* aux *Fêtes de Versailles,* aux *Amants magnifiques,* au *Bourgeois gentilhomme*, et enfin à *Psyché*.

Après tous ces chefs-d'œuvre du genre, l'opéra français était plus réellement créé qu'après *la Pastorale d'Issy*, *Pomone* et *Ariane* non jouée. La vogue était à la musique de théâtre; la comédie-ballet l'y avait mise, aux dépens de la comédie peut-être. Qui sait si Molière, s'assurant toujours sur Lulli, ne caressait pas comme un projet de faire concurrence à l'abbé Perrin et d'établir un second Théâtre d'opéra au Palais-Royal, dans l'idée de prendre enfin quelque repos, de renoncer à sa profession de comédien qui le tuait, et de seconder les efforts de ses amis qui voulaient le porter à l'Académie française? Les choses en étaient là certainement, quand tout à coup Lulli, qui a creusé sa mine et qui s'est avancé par les dessous, dans le temps même où le Roi l'avait encore associé à Molière pour le *Ballet des Ballets*[1], se trouve avoir acheté en

Nous avons pour les airs de grandes sympathies
Et je veux le prier d'y faire des parties.
(*Les Fâcheux*, scène v, celle de Lysandre.)

« Ce que je vous dirai, c'est qu'il serait à souhaiter que ces sortes d'ouvrages pussent toujours se montrer à vous avec les ornements qui les accompagnent chez le Roi. Vous les verriez dans un état beaucoup plus supportable; et les airs et les symphonies de l'incomparable M. Lulli, mêlés à la beauté des voix et à l'adresse des danseuses, leur donnent sans doute des grâces dont ils ont toutes les peines du monde à se passer. » *L'Amour médecin.* Avis au lecteur. — Et partout!

1. 2 décembre 1671. Le *Ballet des Ballets* fut commandé pour l'arrivée d'Élisabeth-Charlotte de Bavière, duchesse d'Orléans, à Saint-Germain-en-Laye. Le Roi avait choisi lui-même tous les plus beaux endroits des divertissements représentés devant lui depuis plusieurs années, et commandé à Molière une comédie qui leur servît de lien. Molière fit la *Comtesse d'Escarbagnas* et la troisième *Pastorale*.

Par un choix singulier, « le premier acte de la comédie » fut la *Plainte italienne de Psyché,* la douloureuse lamentation d'un peuple

secret le privilége de Perrin[1], et, se levant armé d'un droit exclusif sur[2] toute la musique du royaume, prétend, par reconnaissance, interdire à la Troupe du Palais-Royal le chant, la danse et la symphonie.

Molière, indigné, a réclamé auprès du Roi; l'arbitraire a corrige l'arbitraire, et, en dépit du monopole octroyé, Louis XIV a maintenu ses comédiens dans le droit de faire servir à ses divertissements les instruments et les voix, ou plutôt il s'est maintenu à lui-même le droit de faire servir Molière à ses divertissements avec le chant et la musique. Sans perdre de temps, Molière a cherché un musicien qu'il pût opposer à Lulli. Il l'a trouvé dans un compositeur français formé en Italie, Marc-Antoine Charpentier, maître de la musique de la Sainte-Chapelle et intendant de la musique du duc d'Orléans. C'est Charpentier que Molière fera entrer en lutte avec le Florentin et son nouveau théâtre de la rue de Vaugirard[3]. Charpentier contre Lulli! à qui la chance? La grande journée aura lieu le 10 février 1673; elle s'appellera *le Malade imaginaire*.

La grande journée fut une victoire pour le musicien, pour les acteurs et pour Molière.

sur la plus charmante des princesses que la cruauté des dieux condamne trop tôt à mourir. On aurait dit Henriette d'Angleterre, la première et la véritable Madame, pleurée devant la seconde.

1. L'abbé Perrin eut l'air d'être dépossédé; mais il était d'intelligence avec Lulli, en haine de ses associés Sourdéac et Champeron, qui travaillaient à le dépouiller plus réellement.

2. Le privilége accordé à Lulli est du mois de mars 1672; il fut enregistré en Parlement le 27 juin de la même année.

3. Ouvert en 1672 par les *Fêtes de l'Amour et de Bacchus,* divertissement dans le genre du *Ballet des Ballets,* également formé des plus beaux morceaux de danse et de chant composés par Lulli; mais ces morceaux étaient tirés, pour la plus grande partie, des pièces de Molière, avec les paroles de Molière, devenues la proie et le butin du monopole.

Quel dut être le succès de la *Leçon de chant*, au second acte, lorsque, huit ans plus tard, l'auteur anonyme des *Entretiens galants* en parle avec une émotion encore toute neuve :

« Cette belle scène du *Malade imaginaire* que Célinde vient de nous citer, poursuivit Bérélie, n'a-t-elle pas toujours eu sur le théâtre de Guénégaud un agrément qu'elle n'aurait jamais sur celui de l'Opéra ? La Molière et La Grange, qui la chantent, n'ont pas cependant la voix du monde la plus belle. Je doute même qu'ils entendent finement la musique, et, quoiqu'ils chantent par les règles, ce n'est point par leur chant qu'ils s'attirent une si générale approbation. Mais ils savent toucher le cœur, ils peignent les passions. La peinture qu'ils en font est si vraisemblable, et leur jeu se cache si bien dans la nature, que l'on ne pense pas à distinguer la vérité de la seule apparence[1]. »

1. Quelque étendu que soit le passage et quoiqu'il ait été cité plus d'une fois, nous ne croyons pas devoir omettre ici un des plus beaux titres d'honneur de La Grange. Il n'y a rien à retrancher non plus dans cette curieuse étude sur les deux éminents comédiens qui ont touché de si près à Molière. Ce n'est pas seulement un portrait à deux personnages, c'est un tableau. Le théâtre de la fin du XVII<sup>e</sup> siècle y est tout entier : les deux personnages d'abord, dans l'attitude qu'ils ont toujours gardée vis-à-vis l'un de l'autre, formant le couple aimable de la comédie; le public ensuite et l'art même dont ce dilettantisme enthousiaste donne si bien la mesure. Comment douter en effet que l'art théâtral ne fût arrivé à sa perfection, lorsqu'on trouve l'éducation des connaisseurs ainsi achevée?

Voici la suite : «... En un mot, ils entendent admirablement bien le théâtre, et leurs rôles ne réussissent jamais bien, lorsqu'ils ne les jouent pas eux-mêmes.

« Tous ceux qui ont quelque goût pour le théâtre, repartit Philémon, seront bien persuadés de ce que vous en dites. Mais l'actrice et l'acteur dont vous parlez ne doivent pas leurs plus grands succes à la manière délicate dont ils récitent. Leur extérieur a déjà quelque chose qui impose. Leur maintien a quelque chose de touchant. Leur jeu, comme

Le premier intermède musical (*Polichinelle avec les archers*) est d'un comique spirituel et franc qui dialogue au naturel. On admira la *Marche des Maures*. C'était un véritable compositeur français que Charpentier, peut-être eût-il été le chef d'une école française! *Habent sua fata...* Il y eut une fatalité sur le musicien dont le début venait d'être accueilli avec tant de faveur, la même qui tomba tout d'un coup sur le Théâtre du Palais-Royal et qui lui fit un deuil de la bataille gagnée.

La première représentation du *Malade imaginaire* avait donc eu lieu le 10, un vendredi, le jour des *premières*. La seconde et la troisième se donnèrent le

vous l'avez remarqué vous-même, imite si bien la nature, qu'ils font quelquefois des scènes muettes qui sont d'un grand goût pour tout le monde.

« J'ai porté cent fois cette réflexion plus loin que vous, reprit Bérélie. J'ai remarqué souvent que La Molière et La Grange font voir beaucoup de jugement dans leur récit, et que leur jeu continue encore lors même que leur rôle a fini. Ils ne sont jamais inutiles sur le théâtre. Ils jouent presque aussi bien quand ils écoutent que lorsqu'ils parlent. Leurs regards ne sont pas dissipés. Leurs yeux ne parcourent pas les loges. Ils savent que leur salle est remplie; mais ils parlent et ils agissent comme s'ils ne voyaient que ceux qui ont part à leur rôle et à leur action. Ils sont propres et magnifiques, sans rien faire paraître d'affecté. Ils se mettent parfaitement bien. Ils ont soin de leur parure avant que de se faire voir; ils n'y pensent plus quand ils sont sur la scène, et, si la Molière retouche quelquefois à ses cheveux, si elle raccommode ses nœuds ou ses pierreries, ses petites façons cachent une satire judicieuse et naturelle. Elle entre par là dans le ridicule des femmes qu'elle veut jouer. Mais enfin, avec tous ces avantages, elle ne plairait pas tant si sa voix était moins touchante. Elle en est si bien persuadée elle-même, que l'on voit bien qu'elle prend autant de divers tons qu'elle a de rôles différents; et, quoique la comédie soit un spectacle, j'ai toujours cru qu'au théâtre, comme ailleurs, les gens délicats préfèrent souvent le plaisir d'entendre à celui de voir. »

Au théâtre du moins, le parti était bon à prendre, avec des salles où l'on ne voyait guère, construites comme des jeux de paume qu'elles avaient été, et médiocrement éclairées aux chandelles.

dimanche et le mardi gras, avec les magnifiques recettes que produit un grand spectacle uni aux fêtes du carnaval. Le 17, la quatrième était sur l'affiche. Ce jour-là, malheureusement, Molière était plus incommodé qu'à l'ordinaire. Ses amis le dissuadaient de jouer. Ses camarades eux-mêmes étaient d'avis de remettre le spectacle au dimanche; mais remettre le spectacle, c'était lâcher prise, la main sur un succès, et laisser peut-être le succès échapper. Quelle joie pour l'Hôtel de Bourgogne avec le *Mithridate* de Racine et *l'Ambigu comique* de Montfleury! pour Lulli avec son *Cadmus* et dans son jeu de paume déjà lézardé du *Bel-Air!* Il y avait aussi les danseurs, les musiciens, les assistants de surcroît, tous les gagistes en supplément qui comptaient sur le salaire de la journée; n'oublions pas l'entrée du carême à franchir, passe dangereuse qu'il faut forcer quand on a le vent. Molière persista donc à faire allumer les chandelles; seulement, le malade mesurait ses forces; il demanda que le rideau fût levé, quatre heures sonnant.

En ce temps-là, le lever du rideau ne se piquait pas d'exactitude. Plus anciennement, les spectacles avaient dû commencer à deux heures de l'après-dînée. L'affiche de l'Hôtel de Bourgogne gardait même encore les deux heures, et souvent les provinciaux s'y laissaient prendre[1]; les Parisiens mieux informés n'arrivaient qu'entre quatre et cinq heures, à leur loisir. Les choses devaient se passer de même au Palais-Royal. La Grange donna des ordres pour que l'on fût en scène à quatre heures précises; à quatre heures précises, en effet, l'archet tomba sur les violons. La grande *Églogue* en musique et en danse sui-

1. Voir la seconde scène du *Poëte Basque*, de Raymond Poisson. La pièce se passe à l'Hôtel de Bourgogne. Hauteroche et M^lle Poisson

vit la symphonie ; après quoi parut Molière assis sur le fauteuil d'Argan. Le vrai malade allait jouer le malade imaginaire, le mort supposé, le mort déjà pleuré par des larmes filiales.

Pauvre Molière ! « *N'y a-t-il pas quelque danger à*

s'entretiennent sur le théâtre, en attendant une assemblée de lecture; entre M. de Calazious, baron gascon et spectateur fourvoyé :

LE BARON.

Comment! on ne voit pas encore une âme ici!

M. DE HAUTEROCHE, à part, à Mademoiselle Poisson.

Il a peur d'y manquer. Quel est donc celui-ci?

MADEMOISELLE POISSON.

C'est un provincial qui vient garder sa place.

LE BARON.

Hé! que veut dire donc? tout est froid comme glace,
A deux heures et plus! D'où vient ce peu d'ardeur?

M. DE HAUTEROCHE.

Mais nous ne commençons qu'à quatre heures, monsieur.

LE BARON.

Mais vous ne faites donc mouler que des sottises?
J'ai lu dans vos placards « à deux heures précises.... »
Seul dedans ce désert! Le tour est fort gaillard!
Pourquoi ne faire pas ce que dit ce placard?

MADEMOISELLE POISSON.

Dès longtemps ce placard chante la même chose;
Mais, comme on n'en vient pas plus tôt...

LE BARON.

En suis-je cause?

MADEMOISELLE POISSON.

Non.

M. DE HAUTEROCHE.

Nous commencerions dès deux heures, pour nous,
Si le monde venait.

Cela se disait en juin 1668. En janvier 1685, un règlement des Comédiens-réunis condamne à 30 sous d'amende « les acteurs qui manqueront à se trouver prêts pour commencer à cinq heures et un quart, à la pendule du Théâtre ». En 1673, on ne commençait plus à quatre heures, on ne commençait pas encore à cinq heures un quart; on commençait à volonté dans l'intervalle.

*contrefaire le mort?* » C'est avec cette question ingénue qu'il préparait la situation hardie de son troisième acte, au moment où Argan se couche dans sa chaise, ferme les yeux et se tient immobile pour éprouver la tendresse de sa femme.

Et le public riait. Il rit encore aujourd'hui, quand il ne voit que le bonhomme Argan; mais, comme la faiblesse du bonhomme prend tout de suite un autre aspect, quand on n'oublie pas de confondre Argan et Molière! La comique pusillanimité du mari de Béline devient un pressentiment qui saisit. Dès que l'on songe au 17 février 1673, on s'aperçoit que cette audacieuse folie du *Malade imaginaire* est toute pleine de la mort. Où Molière croit braver son ennemie, c'est elle qui le fascine et qui l'attire. Il la parodie; mais il a peur devant elle, et, superstitieux en secret, il se hâte de détourner le mauvais présage. Faites-y bien attention : il a pris ses mesures de plus haut, de la fin du second acte, où la petite Louison feint déjà, par malice, d'avoir été tuée. Ce n'est pas le valétudinaire, c'est une enfant qui a commencé à jouer avec la mort, pour rendre le jeu innocent. Vaines précautions du grand comédien. Une seule ne l'aura pas trompé, celle de commencer la représentation à quatre heures. Une heure plus tard, il n'aurait peut-être pas été jusqu'au bout.

La Cérémonie burlesque dut finir avant huit heures. Molière resta encore un peu au théâtre pour essayer de se remettre, frissonnant, se plaignant d'avoir les mains glacées. Baron lui donna son manchon et le ramena chez lui dans sa chaise. Vers dix heures, un flot de sang lui échappa de la bouche; il désira sa femme auprès de lui; et comme le jeune comédien était allé chercher M^lle^ Molière, laissant le malade aux soins de deux bonnes religieuses, — avant qu'il fût de retour, Molière rendit à Dieu son âme chrétienne, assisté des deux saintes femmes en prière.

Que faisait cependant La Grange? On ne l'entrevoit ni dans le récit de Grimarest que nous suivons, ni dans la note qu'il a mise lui-même sur son Registre. Du reste, le récit de Grimarest a été inspiré par Baron; et, chacun des deux acteurs restant fidèle à son caractère, Baron n'a parlé que de soi, La Grange n'a parlé que de Molière :

« Ce même jour, après la comédie, écrit-il à la triste date du 17, sur les dix heures du soir, M. de Molière mourut dans sa maison, rue de Richelieu, ayant joué le rôle dudit malade imaginaire, fort incommodé d'un rhume et fluxion sur la poitrine qui lui causait une grande toux, de sorte que, dans les grands efforts qu'il fit pour cracher, il se rompit une veine dans le corps et ne vécut pas demi-heure ou trois quarts d'heure, depuis ladite veine rompue. »

Rien d'étonnant d'ailleurs à ce que les derniers moments de Molière n'aient pas été plus entourés[1]. Sa mort fut une surprise. Lui-même, à travers les vagues tristesses que Grimarest lui prête, ne se croyait pas aussi près

1. Ils le furent davantage. Le *Placet* adressé par la veuve de Molière à Mgr l'archevêque de Paris l'établit d'une manière certaine : « Ce considéré, Monseigneur, et attendu... que le dict deffunt... est mort dans le sentiment d'un bon chrétien, ainsi qu'il a tesmoigné en présence de deux dames religieuses demeurant en la mesme maison, d'un gentilhomme nommé M. Couton entre les bras de qui il est mort et de *plusieurs autres personnes...* »

De ces autres personnes, Mlle Molière en était avec Baron sans doute, La Forêt aussi, et pourquoi pas quelques-uns des comédiens? Si Mlle Molière ne les nomme pas, non plus qu'elle-même, c'est qu'elle ne veut nommer ici que les témoins irrécusables dans l'espèce et pour son juge.

de sa fin. Rentré chez lui, il essaya de souper et soupa d'un peu de fromage. Personne cependant au Théâtre ne se doutait qu'il fût en péril. On le savait souffrant. Baron s'était chargé de le reconduire; les choses devaient souvent se passer ainsi. Quant à La Grange, son rôle achevé, d'autres soins pouvaient le retenir, ne fût-ce que celui de faire enlever les machines pour livrer aux Italiens la scène qui leur appartenait le samedi, plus celui de compter leur salaire à « ces cinquante pauvres ouvriers qui n'avaient que leur journée pour vivre » et dont Molière avait sauvé la journée.

Parmi ces divers soins, le déplorable événement que La Grange allait bientôt apprendre l'investissait d'une responsabilité nouvelle. Second orateur de la Troupe, il en était devenu le premier. Il succédait à Molière. C'était à lui, — aucun de ses camarades ne lui disputait ce malheureux honneur, — que le maître, en le mettant vis-à-vis du public, avait confié la conduite de sa Troupe et la suite de son Théâtre; mais son Théâtre existait-il encore? Le Palais-Royal, c'était lui. Molière mort, mort le Palais-Royal! Ce dut être le premier cri de l'émotion publique, la première pensée du Roi devant cette irréparable perte; et, en effet, Sa Majesté laissa entendre dès ce moment qu'elle voulait fondre ses deux Troupes de comédiens français, pour mettre fin à leur vieille querelle.

La Troupe du Roi se sentit perdue. Le Palais-Royal ne joua ni le dimanche ni le mardi. La Grange s'attendait toujours à recevoir un ordre pour la *jonction*. C'était le moins, du reste, que la salle de Molière restât fermée tant que son corps n'était pas enseveli. Il ne le fut que dans la nuit du 21; mais, lorsque le cercueil eut été porté de nuit au cimetière Saint-Joseph et mis en terre au pied de la croix, aucun ordre n'étant venu, La Grange afficha *le Misanthrope*. En ce moment, tout autre spectacle aurait paru déplacé. Celui-ci était le plus digne hommage que la Compagnie pût rendre à Molière. Baron le remplaça dans le rôle d'Alceste. Il chanta la chanson du roi Henri, avec quelle âme, on le sait[1]. Baron chanta comme avait aimé Molière, et tira des larmes de tous les yeux. La tradition de l'Alceste original et singulier à dessein allait s'effacer peu à peu; celle de l'Alceste héroïque commençait.

On hésitait à reprendre *le Malade imaginaire*, souvenir trop voisin et trop funeste. Il aurait fallu d'abord laisser passer toutes ces épitaphes de Molière, qui se rimaient à la douzaine. On voulait aussi se remettre par degrés au rire dans cette maison de deuil. Après deux représentations du *Misanthrope*, *les Fâcheux* et *la Comtesse d'Escarbagnas* se glissèrent sur l'affiche. Spectacle d'un assez mince attrait. Ce n'était pas assez pour maintenir

1. C'est un souvenir resté dans l'histoire du théâtre que l'effet produit par Baron à la reprise du couplet :

> Si le roi m'avait donné
> Paris, sa grand'ville...

et la manière de la dire se règle toujours là-dessus. Ce souvenir doit remonter à la représentation du 24 février 1673.

Au sujet de la même représentation, M. Taschereau, toujours impitoyable pour Mlle Molière, s'écrie : « Elle osa remonter sur la scène peu de jours après la perte qu'elle et la France venaient de faire! » M. Taschereau a oublié la nécessité du moment et la rigueur du devoir professionnel. Molière lui-même joua son rôle d'Orgon le 26 et le 28 février 1669. Son père fut enseveli le 27. Quel jour avait-il perdu son père?

« Mercredi 24 (*août*), écrit La Grange, visite chez Mme de Luxembourg. Ce même jour, le père de M. de Molière est mort. »

D'après l'acte mortuaire de Jean Poquelin, produit par M. Jal, La Grange se trompe; mais, août ou février, visite ou spectacle au théâtre, on voit bien ce qui a frappé La Grange, c'est que Molière a dû jouer le jour où son père expirait.

le Palais-Royal à son rang et lui confirmer le droit de vivre. La Grange le sentit bien. Quoi qu'on en eût, on était obligé de revenir à la pièce nouvelle. N'était-ce pas, après tout, l'héritage du père laissé aux enfants, le dernier bienfait de Molière sur sa famille? *Le Malade imaginaire,* remonté en cinq jours, fut représenté le 3 mars avec La Thorillière dans le rôle du malade. Figurons-nous, au lever du rideau, cette apparition d'Argan revenu derrière sa petite table, avec le fichu et la coiffe de nuit, — au troisième acte, immobile dans son fauteuil, les paupières sur les yeux. La Thorillière semblable à celui qui n'était plus, et, devant cet autre Molière, Cléante, c'est-à-dire La Grange en larmes. Angélique, c'est-à-dire Mlle Molière à genoux, attestant son désespoir d'avoir perdu tout ce qui lui restait, sans l'adoucissement d'une réconciliation ou plutôt d'un adieu suprême[1]!

Quels tristes dessous cachent souvent le jeu de la scène et ce riant artifice du théâtre, uniquement concerté pour le spectateur!

La Grange n'en était pas à l'apprendre; mais il allait bientôt l'éprouver comme il ne l'avait pas fait encore, au milieu de difficultés inconnues. La fin de l'année théâtrale approchait. Encore quelques jours, la clôture de la semaine sainte avait lieu et tous les engagements expiraient à la fois. Libre le 21 mars, La Thorillière accepta l'engagement qu'on lui offrait à l'Hôtel de Bourgogne, pour y remplacer Floridor à la tragédie, sinon lui succéder directement comme orateur. Il y attira Baron, son futur

1. « Angélique. — Hélas! faut-il que je perde mon père, la seule chose qui me restait au monde; et qu'encore, pour un surcroît de désespoir, je le perde dans un moment où il était irrité contre moi! » *Le Malade imaginaire* (acte III, sc. XIII). N'oublions pas que les deux époux s'étaient tout à fait rapprochés.

gendre, qui ne tenait au Palais-Royal que par Molière et qui reprenait sa place sur le théâtre où il était né. Beauval et M^lle^ Beauval les y suivirent. Le présent ne les rassurait pas assez sur l'avenir de la maison. Malgré les belles recettes du *Malade*, la dépense n'était pas encore entièrement couverte au moment de la clôture. Il s'en fallait de plus de 1,000 livres. Que dire à cela? Rien. sinon que les camarades de Molière l'oubliaient vite. Mais, tandis que le couple Beauval calculait la dette, La Grange, récapitulant ses bénéfices, dressait le tableau de tout ce qu'il avait touché depuis quatorze ans, monument domestique de sa reconnaissance envers son maître, et arrivait à ce total considérable : 51,670 livres 14 sous, près de 3,700 livres par année[1].

Molière mort, La Thorillière, Baron, les deux Beauval enrôlés à l'ennemi, le personnel du Palais-Royal se trouvait réduit à huit parts, suivant l'expression usitée, c'est-à-dire huit parties prenantes; mais ces huit parts ne pouvaient pas compter pour huit talents; sous ce rapport, il y avait à retrancher presque trois non-valeurs : de Brie, M^lle^ Hervé, faut-il dire aussi M^lle^ La Grange? Réduite à cinq acteurs en réalité. — La Grange, du Croisy, Hubert, M^lle^ Molière et M^lle^ de Brie, — l'ancienne Troupe du Roi était à peu près une Troupe sans comédiens; il ne lui restait plus que d'être une Troupe sans théâtre.

Rien ne lui manqua. Lulli, qui ne pardonnait pas au succès de Charpentier et du *Malade imaginaire*, demanda au Roi la salle du Palais-Royal et l'obtint. L'opéra chassait la comédie de la maison hospitalière où celle-ci avait

1. A ce total, La Grange pourrait ajouter 2,000 livres qu'il a reçues du Roi pour ses costumes; mais, comme les 2,000 livres du Roi n'ont pas suffi et que ses costumes lui en ont coûté 2,000 de surplus, il y a balance; le total reste le même.

partagé avec lui le pain de ses enfants. Le *ténébreux coquin*, si bien qualifié par Boileau, rentrait chez Elmire, devenue veuve, en disant à son tour :

> La maison m'appartient, je le ferai connaître,

et jetait Elmire à la porte.

On connaît la nonchalance naturelle de M^lle^ Molière; c'est Molière qui nous l'a dite, et il en a parlé comme d'une grâce particulière à son Armande. Avec cette grâce indifférente, M^lle^ Molière aurait tout abandonné; La Grange eut le courage qu'elle n'avait pas. Chargé par l'illustre mort de garder en dépôt l'œuvre de sa vie, La Grange se promit de lui en rendre bon compte, et se tint parole.

Il dépendait de lui de laisser faire la jonction des deux Théâtres. Son amour-propre même y était intéressé. L'Hôtel de Bourgogne, après avoir perdu Floridor, restait depuis un an sans orateur véritable, et La Grange était naturellement désigné pour diriger dès lors les deux Troupes réunies. Mais, dans ce premier projet de réunion, la Troupe du Roi transportée à la salle de la rue Mauconseil s'y trouvait absorbée par la Troupe Royale [1].

1. La Troupe Royale, proprement dite (car la Troupe du Marais était aussi Troupe royale : la Troupe royale du Marais), la Troupe Royale, il ne faut pas l'oublier, était l'Hôtel de Bourgogne; la Troupe de Molière était la Troupe du Roi. Distinction subtile, mais réelle. Jusqu'en 1665, à titre de Troupe Royale, l'Hôtel de Bourgogne prétendait avoir seul le privilége de donner le spectacle à la cour, et faire exclure des divertissements du Roi les nouveaux comédiens qui n'étaient qu'à Monsieur. De là, plaintes et mémoires de l'Hôtel, la calomnie de Montfleury le père, *l'Impromptu de Versailles*, et le reste. Marie-Thérèse appuyait les réclamations des grands comédiens. Importuné de ces résistances, Louis XIV y coupa court en prenant à son service la Troupe de Monsieur, qui reçut alors le nom de Troupe du Roi avec une pension de 6,000 livres. Sa Majesté put ainsi correctement employer Molière à ses plaisirs. L'ordre

Celle-ci gardait son passé, son hôtel et son nom. L'autre ne gardait rien, pas même l'honneur d'avoir tenu quinze ans ses adversaires en échec, puisque les vaincus avaient le fruit de la victoire. La Grange ne pouvait pas prêter la main à détruire l'œuvre de son vénéré maître. Ne s'en défendit-il que par un chagrin respectueux, — avec le nom de Molière qui protégeait encore les siens, ce fut assez pour qu'on ne prît pas parti tout de suite. Le temps, d'ailleurs, avait besoin de passer sur des souvenirs trop vifs. La Thorillière alla donc suivre les destinées de l'Hôtel de Bourgogne; La Grange resta fidèle au groupe des anciens acteurs du Palais-Royal et essaya de refaire avec eux une Troupe à la veuve de Molière.

Que fallait-il pour cela? Rien que deux choses, nous l'avons vu : des comédiens et un théâtre. Le théâtre n'était pas difficile à trouver. Après avoir subtilisé leur privilége aux associés de l'abbé Perrin, et le Palais-Royal à la Troupe de Molière, Lulli, quoi qu'il en eût, laissait deux salles vides : celle de l'abbé Perrin et la sienne. Une troisième, plus ou moins disponible, à bien compter, mais sur laquelle La Grange ne jetait pas ses vues, c'était la salle du Marais. La Grange se contentait d'y prendre les meilleurs comédiens de La Roque et La Roque lui-même. En fait de jonction, s'il avait repoussé celle du Palais-Royal avec l'Hôtel de Bourgogne, il visait à opérer celle du Palais-Royal avec le Marais. Le Marais y périt; c'était le sort dont La Grange avait préservé les restes de la Troupe de Molière. Du reste le Marais ne vivait guère que de

des rangs était en effet mieux gardé; mais la rivalité des deux Théâtres ne désarma pas. La lutte des prétentions continua plus sourde. C'était encore pour en finir avec elle que le Roi se proposait de réunir les deux Troupes, et, s'il ne refusa pas à Lulli la salle du Palais-Royal, c'est que, dans sa pensée, la réunion était faite.

coups d'éclat, de pièces à décors, et par intervalles. Tantôt fermé, tantôt ouvert, il se ferma cette fois pour ne plus se rouvrir, ayant eu du moins l'honneur, avant que disparaître, de donner l'hospitalité au vieux Martian[1] du grand Corneille.

Entre les trois salles vacantes, le choix ne pouvait guère être douteux. Au Marais, le succès difficile, la vie plus difficile encore que le succès; rue de Vaugirard, un plafond neuf déjà menaçant et des plâtres fendus; rue Mazarini (prononcez Mazarine), un théâtre bien agencé, presque au centre de Paris et à peu de distance du Palais-Royal. La Grange se décida promptement[2] pour le Théâtre Guénégaud, d'autant plus qu'on n'avait pas à traiter avec Lulli, mais avec des gens dépouillés par Lulli, — raison de sympathie et de confiance.

Quant à ceux des comédiens du Marais que La Grange et ses camarades jugèrent à propos de s'associer, ce furent : Rosimond d'abord, auteur et bon comédien, destiné à remplacer La Thorillière et Molière même, dans plusieurs rôles; Dauvilliers, un fou de talent, et M^lle^ Dau-

1. *Pulchérie*, représentée à la fin de 1672.

« Tous les obstacles, dit *le Mercure galant*, qui empêchent les pièces de réussir dans un quartier si éloigné, n'ont pas été assez puissants pour nuire à cet ouvrage. » Rappeler, même en forme d'éloge, les obstacles qui empêchent les pièces de réussir sur un théâtre mal situé, c'est en pressentir et en excuser au besoin l'effet ordinaire. On voit par là comment les comédiens du Marais étaient tout disposés eux-mêmes à quitter leur hôtel pour aller au-devant d'une meilleure fortune.

2. De toutes les manières, il fallait aller vite. Tout le monde était pressé. Le marquis de Sourdéac, ruiné par ses grandes dépenses, ne pouvait pas garder un théâtre inutile. Les acteurs du Marais demandaient à le louer et les pourparlers commençaient. « M^lle^ Molière et ses camarades, apprenant les démarches de ces premiers, disent les frères Parfaict, se hâtèrent de conclure. » Avaient-ils besoin de cela pour se hâter?

villiers; Guérin, acteur d'expérience et parfait honnête homme; Achille de Verneuil, enfin réuni à La Grange; La Roque, ex-orateur du Marais, en telle estime auprès du public et des auteurs que Racine (1660) lui souffrit, sans trop le décrier, d'avoir refusé son *Amasie;* la belle M^lle^ Dupin, amenant son mari à sa suite; Angélique Du Croisy, la fille de Du Croisy, qui devait épouser Paul Poisson, non moins obscure que sa mère, si elle n'eût écrit le portrait de Molière auquel son nom reste attaché; M^lle^ Ozillon, que la protection fit entrer dans la nouvelle Compagnie et qui en sortit faute de talent, mais avec les honneurs de la grande pension.

Les premiers engagements, ceux de Rosimond et de M^lle^ Du Croisy, avaient été signés le 3 mai; le contrat d'acquisition pour la salle du marquis de Sourdéac et de M. de Champeron, son associé, avait été passé le 23 entre eux et les comédiens.

« Le 23 juin 1673, — c'est La Grange qui écrit, — ordonnance de M. de La Reynie, juge et lieutenant de police, pour l'établissement de la Troupe du Roi, rue Mazarini, et qui casse la Troupe des comédiens du Marais, signifiée le 10 juillet dudit an.

« ... Ainsi, il n'y a plus eu dans Paris que deux Troupes de comédiens français, savoir :

« Les comédiens du Roi, à l'Hôtel de Bourgogne,

« Et les comédiens du Roi à l'Hôtel dit Guénégaud. »

Ce n'était pas précisément ce qu'avait voulu Louis XIV. L'Hôtel de Bourgogne retrouvait devant lui la veuve de Molière. La Grange s'apprêtait à reprendre la partie contre son ancien camarade La Thorillière; mais la partie resta courtoise, comme entre deux amis qui jouent sans se piquer, et ne se passionna un moment qu'à l'occasion des deux *Phèdres*, par les querelles de la galerie.

Sur les trois Troupes de comédiens français, il y en avait toujours une de supprimée.

Le nouveau Théâtre s'ouvrit le 9 juillet 1673 avec *Tartuffe* et le nom de Molière sur l'affiche. C'est bien toujours le Théâtre de Molière. Jetez les yeux sur le Registre de La Grange : *Tartuffe, Trissotin* (autrement *les Femmes savantes*), *l'Avare, le Misanthrope, Sganarelle,* — en suivant l'ordre des spectacles, — *l'École des Femmes, Amphitryon, le Dépit amoureux, la Comtesse d'Escarbagnas, le Médecin malgré lui* et *l'École des Maris.* Pendant quatre mois entiers, du jour de l'ouverture à la première représentation du *Comédien-Poëte*[1], Molière défraye le répertoire. Les comédiens du Marais n'y apportent que l'*Ambigu-Comique, Pulchérie, Germanicus* et *le Jaloux*[2]. On se croirait au Palais-Royal, si on ne lisait pas en tête du premier cahier commencé par La Grange après la réunion : « La Troupe du Roi, en son hôtel, au bout de la rue Guénégaud, composée de dix-

1. *Le Comédien-Poëte,* comédie en cinq actes, en vers, de Montfleury (sans doute aussi de Thomas Corneille), avec un prologue en prose, se joua le 10 novembre 1673. Jusqu'à ce moment, sur cinquante-six représentations, Molière fournit trente-neuf spectacles complets et fait sa part de sept spectacles mixtes. Le premier mois lui appartient tout entier. La Troupe du Marais semble débuter le 11 août avec *l'Ambigu-Comique.*

2. *L'Ambigu-Comique* et *Germanicus, Pulchérie* même, un peu plus ancienne, étaient leurs dernières nouveautés. *Pulchérie* s'était donnée le 25 novembre 1672. *L'Ambigu-Comique* de Montfleury se joua le 2 mai 1673, la veille du jour où Rosimond et Mlle Du Croisy signèrent leur engagement avec la Troupe de Mlle Molière, encore sans théâtre; *Germanicus* (de Boursault) à la fin de mai, lorsque La Grange s'était déjà assuré l'acquisition de l'hôtel Guénégaud.

Quant au *Jaloux,* c'était probablement *le Jaloux invisible* de Brécourt, représenté en 1666, à l'Hôtel de Bourgogne, et où se chantait le fameux trio bouffe de Cambert, *Bondi, Carizelli, Bondi.*

sept parts et demie, a recommencé ses représentations dans son nouvel établissement. »

Il y a quelque autre chose encore qui détruit l'illusion, c'est le tableau des dix-sept parts et demie. Rien qu'à le voir, ce tableau[1] de la Troupe, on sent les éléments disparates, les deux familles de comédiens qui se rapprochent sans se mêler, les comédiens de bonne tenue et de bon accord, accoutumés à la paix sous un chef respecté, les comédiens indociles et jaloux, irréguliers comme la fortune irrégulière. Cause permanente de division, — sans parler des prétentions des deux *machinistes :* — les

1. Noms des comédiens et intéressés dans la Troupe :

| | | MM. | | | Milles |
|---|---|---|---|---|---|
| 1 | (part) | DU CROISY. | 1 | (part) | MOLIÈRE. |
| 1 | — | HUBERT. | 1/2 | — | DE BRIE. |
| 1 | — | DE LA GRANGE. | 1/2 | — | HERVÉ AUBRY. |
| 1 | — | ROSIMOND. | 1/2 | — | DE LA GRANGE. |
| 1 | — | DE BRIE. | 1/4 | — | ANGÉLIQUE (DU CROISY). |
| 1 | — | DAUVILLIERS. | | | |
| 1 | — | GUÉRIN. | 1 | — | DUPIN. |
| 1 | — | VERNEUIL. | 1 | — | GUYOT. |
| 1 | — | LA ROQUE. | 1/2 | — | DAUVILLIERS. |
| 1/2 | — | DUPIN. | 3/4 | — | OZILLON. |
| 1 | — | SOURDÉAC, machiniste. | | | |
| 1 | — | CHAMPERON, id. | | | |
| | | BÉJARD, pensionnaire (c'est-à-dire pensionné). | | | |

Il est assez singulier de voir Mlle de Brie avec la demi-part. Jusqu'alors, elle et son mari avaient eu la part entière, elle pour son talent, lui à cause de sa femme. La Troupe nouvelle trouva le mari trop bien traité. Elle avait raison ; mais on eut peur du comédien qui jouait les bretteurs d'après le naturel (La Rapière dans *le Dépit amoureux,* le maître d'armes dans *le Bourgeois gentilhomme*), et on n'osa pas réduire sa part de moitié. Mlle de Brie, toujours douce et de facile composition, prit la réduction pour elle. Elle n'y perdait rien dans la faveur du public ni dans l'estime de ses camarades, et rétablissait la proportion. Une part et demie pour son mari et pour elle. C'était le compte. On ne se l'explique pas autrement.

comédiennes du Marais ne supportent pas la préséance de Mlle Molière, qui donne son nom[1] au Théâtre, comme si le Théâtre lui appartenait, et qui n'a qu'une porte à ouvrir pour y passer de son[2] appartement. L'ordonnance de Colbert qui réduit Mlle Guyot de la part entière à la demi-part fera peut-être éclore un jour l'ignominieux pamphlet[3] qui salira jusqu'à Molière, en avilissant sa veuve.

1. Je ne saurais vous dire rien
Ni du Théâtre italien,
Ni de celui de la Molière.
Ils sont, selon moi, but à but;
Et pour gens de grand caractère,
Hors de l'Hôtel point de salut.

*Lettre en chansons à M. Deshoulières*, 1677, dans les Œuvres de Mme Deshoulières. Paris, David, 1747, in-18, t. I, p. 138.

2. « Mme Molière ne logeait pas précisément à l'Hôtel Guénégaud. Ce théâtre occupait le n° 42 actuel de la rue Mazarine et allait jusqu'à la rue de Seine (n° 41) dans laquelle il avait issue. Lorsque les comédiens l'achetèrent, en 1673, Mme Molière, comme femme de l'ancien directeur,... loua, le 16 août,... par bail de six ans, avec Aubry et Geneviève Béjard, l'hôtel d'Arras, rue de Seine, en se réservant le droit d'ouvrir une porte sur la montée du corps de logis de derrière, pour avoir communication au théâtre. » Jules Bonnassies, *la Fameuse Comédienne*, Paris, Barraud, 1870, p. XX.

3. *La Fameuse Comédienne, ou Histoire de la Guérin, auparavant femme et veuve de Molière*, Francfort, Frans Rottemberg, 1688, petit in-12. Ce libelle, beaucoup trop accrédité, comme tous les libelles, a été attribué et l'est encore, à La Fontaine, à Racine même, par un double excès d'honneur! — à Blot, en descendant, à Mlle Guyot et à une Mlle Boudin, plus ou moins comédienne de campagne. C'est pour de tels écrits que la recherche de la paternité devrait être interdite, comme diffamatoire, ou d'autant plus près de l'être, qu'elle remonte plus haut. « Je ne connais ni l'auteur de cette histoire ni la main d'où elle me vient », dit le libraire au lecteur. Que perdrait-on à n'en pas demander davantage, et à voir là un malheureux factum, composé un jour de colère, abandonné ensuite par son auteur, quel qu'il soit, — tombé plus tard dans quelque main nécessiteuse, troqué enfin contre l'aumône chez un libraire honteux de lui-même? Toujours est-il certain que ce pamphlet n'a pas paru à sa date. Les haines jalouses attaquent une femme, une

Les difficultés se soulèvent de toutes parts et du côté ou elles devaient le moins venir. Quand un théâtre n'a plus guère à donner, en fait de pièces nouvelles, que *le Comédien-Poëte, le Trigaudin,* d'Antoine Montfleury, *le Panurge* de M. de Montauban, c'est le cas où, faute de mieux, il se rejette sur le décor et le spectacle. Après son *Achille,* qui mourut vite, Th. Corneille, médiocrement tragique, mais très-habile homme de théâtre, proposa une pièce à machines. C'était l'affaire des comédiens du Marais, qui s'étaient fait un genre de ces sortes d'opéras sans musique; c'était l'affaire de Sourdéac et de Champeron, les deux machinistes de la Société. Protestation imprévue contre la dépense. Qui refuse d'y souscrire? Qui repousse obstinément la pièce et ne souffre pas qu'on la monte? Dauvilliers et M^lle^ Dupin, à grand bruit, Sourdéac et Champeron, dans la coulisse, cherchant à s'emparer de l'entreprise et recommençant à travailler contre M^lle^ Molière, comme ils ont travaillé contre l'abbé Perrin — et contre eux-mêmes.

Pour supprimer de déplorables résistances, il faut en arriver à exclure Dauvilliers et M^lle^ Dupin, Sourdéac et Champeron, de la Compagnie. Voici le Théâtre dans les procès. La Grange est à tout, il est partout; enfin la justice prononce : Sourdéac et Champeron sortent de la Société, Dieu merci! Les Dauvilliers et les Dupin y rentrent; à la bonne heure. On se met tout de suite aux préparatifs de *Circé,* et dans cette joie de la réconciliation générale, La Grange enregistre aussi sa joie domestique : « Ce 19^e^ février 1675, ma femme est accouchée

comédienne, à l'heure où l'éclat de son talent et de sa beauté les irrite; elles n'attendent pas, pour se venger, que la comédienne et la femme ne soient plus qu'une mère, contente, comme on l'avoue ici, de s'oublier avec un fils bien-aimé dans sa maison des champs.

de ma fille Manon. Le parrain, M. le marquis de Blot; la marraine, M^lle Crévort, tante de ma femme, à Saint-Germain de l'Auxerrois. »

*Circé* se joua; une véritable pièce-féerie : vingt jours de fermeture pour les répétitions (tant il est vrai que rien n'est nouveau sous le soleil!) et le succès en proportion de l'attente. La fameuse tragédie à machines tint l'affiche, presque sans interruption, du 17 mars au 15 octobre. Le rôle de la magicienne avait été fait pour M^lle Molière, ce qui explique l'acharnement de M^lle Dupin et le mauvais vouloir de M^lle de Brie elle-même contre l'ouvrage. M^lle Molière y parut belle à ravir. Elle y avait un magnifique costume, comme elle savait les inventer[1], et une superbe abondance de cheveux épars qui captiva bien des cœurs. Un cœur s'y prit, qui aurait dû mieux s'en défendre. Président à Grenoble, le triste président Lescot rêva de s'élever jusqu'à la grande enchanteresse et se figura en effet qu'elle avait daigné descendre vers lui. Vision trop ingénue. La belle Circé avait un Ménechme femelle, et le président était dupe de deux misérables filles dont l'une produisait l'autre sous le nom de M^lle Molière. Tout était illusion dans son bonheur, excepté les sommes qu'il dépensait en cadeaux : première ébauche de la malheureuse intrigue qui s'appellera en 1786 l'*Affaire du collier*. Cent onze ans d'avance, le président

1. Ajoutez à ce qui a été dit plus haut de la recherche de M^lle Molière dans ses costumes :

« Tous les manteaux de femmes que l'on fait présentement ne sont plus plissés et sont tout unis sur le corps, de manière que la taille paraît plus belle. On les appelle des manteaux *à la Sylvie*. Ils ont été inventés par M^lle de Molière; mais on a dit *à la Sylvie*, à cause d'un livre intitulé *la Sylvie de Molière*. Cependant ceux qui ont lu cet ouvrage ont bien connu que ce n'était pas son histoire. »

(*Mercure galant*, 1673, t. VI, p. 270, 271.)

Lescot jouait ici le rôle du cardinal de Rohan, la fille la Tourelle celui de la demoiselle Oliva, et la Ledoux celui de la comtesse de La Motte.

On sait comment fut rompu le charme. Les entrevues avaient lieu dans le mystère. Défense au président de jamais venir sur le théâtre et d'aborder la comédienne en public. Le président respecta d'abord les conditions du traité. Un jour pourtant il se permit de suivre M^lle^ Molière après la pièce et d'entrer derrière elle dans sa loge. Elle ne le connaissait pas; il prétendit qu'elle devait le reconnaître. Elle lui enjoignit de sortir; il perdit toute mesure et l'obligea d'appeler du secours. Aubry, son beau-frère, accourut. Un commissaire envoya le furieux en prison. Procès et jugement rendu, le tout à l'honneur d'Armande. La Grange enregistra la sentence, confirmée par arrêt du 17 octobre 1675 :

« Sentence pour M^lle^ de Molière contre le sieur Lescot, président à Grenoble, condamné de lui faire réparation[1] des discours injurieux et voies de fait dont il a

1. Si M^lle^ Molière eût été aussi décriée qu'on s'attache à le croire, la magistrature du XVII^e^ siècle n'était-elle pas suffisamment autorisée à ne pas s'humilier dans un des siens aux pieds d'une femme indigne?

A l'occasion d'un autre procès dont il a été question plus haut, celui de M^lle^ Dupin avec ses camarades, une pièce de vers courut qui commençait ainsi :

Cet arrêt vaut de la monnoie,
Et tout Paris a de la joie
De voir triompher la Dupin;
La Molière et son idolâtre,
Consternés, en ont un chagrin
Qui n'est pas, ma foi, de théâtre.

Cet « idolâtre » de M^lle^ Molière est La Grange, on n'en saurait douter dans la circonstance. L'idolâtrie de La Grange, qui ne saurait être suspecte, disons mieux, son attachement éprouvé pour la veuve de Molière est déjà un témoignage considérable à mettre dans la balance comme contre-poids à bien des calomnies.

usé envers elle, par acte délivré à la demoiselle Molière.

« Jeanne Ledoux et Marie Simonet, femme de Hervé de la Tourelle, la première pour avoir produit ladite Simonet, et celle-ci pour avoir pris le nom de la demoiselle Molière, condamnées à être fustigées de verges devant la maison et en 20 livres d'amende. »

Dix-neuf mois après, Guérin épousait Mlle Molière, qui eût peut-être bien fait pour l'histoire de ne jamais échanger ce grand nom; mais, avant de vivre pour l'histoire, n'a-t-on pas aussi quelque droit de vivre pour soi-même?

« Sans doute, dit M. Jal, il eût été beau à Mlle Molière de garder toujours le nom illustre de son époux; mais, en 1677, ce nom n'avait pas encore tout l'éclat que lui ont fait deux siècles de gloire, et, pour Armande Béjart, l'auteur de *Tartuffe*, si habile homme qu'il fût, n'était qu'un grand comédien qui pouvait bien être remplacé par un comédien de talent[1]. »

Que pensa La Grange du mariage de Mlle Molière avec Guérin d'Estriché? Il ne l'a pas précisément écrit; mais La Grange avait certains signes, nous y reviendrons plus tard, pour s'entendre avec lui-même sans écrire; entre autres signes, un petit cercle colorié en bleu,

1. Dans une distribution manuscrite des rôles d'*Agesilan de Colchos* (Théâtre de Rotrou, Bibl. de l'Ars., 5e vol. in-4°), à la première page, sur la marge malheureusement rognée, on devine et on lit : « Guérin, *Rosaran;* Mlle Guérin, *Diane;* le petit Guérin, *un page;* le petit Guérin, *Anaxarte.* » Filandre jouait *Florisel.* La Troupe était donc celle de Filandre. Le petit Guérin, deux fois nommé ici, ne serait-il pas devenu Guérin d'Estriché, l'homme de quarante et un ans avec lequel Armande, — elle en avait trente-quatre, — fit un mariage d'inclination et de convenance?

« Sa mère (la mère de Guérin), demande M. Jal, jouait-elle la comédie? c'est très-probable; mais je n'en ai pas trouvé la preuve. » Il semble que la preuve soit ici.

symbole des bons jours, un losange noir pour les mauvais. Le jour où eut lieu le mariage, le dimanche 30 mai, pensant à Molière oublié, La Grange dessina d'abord son losange; mais, disons tout, il le teinta de bleu. En même temps et du même pinceau il couvrit les trois mots : « mariage de M<sup>lle</sup> Molière. » Ce nom de M<sup>lle</sup> Molière allait disparaître, il l'effaçait lui-même avec tristesse, mais en ami, sous la couleur d'heureux présage. Quand vint la fin de l'année théâtrale et qu'il fit alors un rappel des secondes noces d'Armande, à côté de ce rappel, il mit, cette fois sans hésiter, le rond bleu, celui qu'il avait mis à la date du premier mariage. Il avait eu le temps de s'accoutumer au nom de M<sup>lle</sup> Guérin, et revint en arrière écrire de son mieux dans l'étroit losange :

« *Vide* la fin de l'année. »

Sur le tableau de la Troupe, à la rentrée de Pâques 1679, — il n'y eut pas de tableau en 1678, la Troupe restant la même, — après le nom de M<sup>lle</sup> Champmeslé, un nom nouveau mais illustre, vient M<sup>lle</sup> Guérin, au second rang parmi les femmes. On sent de sa part l'abdication courtoise et sincèrement consentie.

Depuis le jour où La Grange avait ouvert par un compliment[1] très-goûté les représentations de l'Hôtel

1. « Comme il a beaucoup de feu et de cette honnête hardiesse nécessaire à l'orateur, il y a du plaisir à l'écouter quand il vient faire le compliment; et celui dont il sut régaler l'assemblée, à l'ouverture du Théâtre de la Troupe du Roi, était dans la dernière justesse. Ce qu'il avait bien imaginé fut prononcé avec une merveilleuse grâce, et je ne puis dire enfin de lui que ce que j'entends dire à tout le monde, qu'il est très-poli et dans ses discours et dans toutes ses actions. » Chappuzeau, *le Théâtre français*. Lyon, 1674, p. 283, 284.

Le passage de Chappuzeau mérite aussi d'être reproduit tout entier. Pour n'en rien faire perdre à La Grange, nous ajoutons ici le commencement et la fin de l'éloge :

« La Troupe du Palais-Royal a eu pour son premier orateur l'il-

Guénégaud, il avait bien mené les affaires de la Compagnie.

Le grand éclat de ce qui avait été le Palais-Royal s'était amoindri sans doute. Le niveau littéraire avait baissé, dirions-nous aujourd'hui. Mais, pas plus que le niveau naturel des fleuves n'est au degré des grandes crues, le niveau naturel des arts ne se soutient à la hauteur où est monté le génie. Après Molière, il fallait en prendre son parti : la comédie devait descendre. Que le Théâtre Guénégaud ne fût pas mort, c'était déjà beaucoup; il faisait mieux : il vivait. Il avait le succès et la foule[1]. Malgré l'âpre vigilance de Lulli à ne rien

lustre Molière, qui, six ans avant sa mort, fut bien aise de se décharger de cet emploi et pria La Grange de remplir sa place. Celui-ci s'en est toujours très-dignement acquitté jusqu'à la rupture entière de la Troupe du Palais-Royal, et il continue de l'exercer avec grande satisfaction des auditeurs dans la nouvelle Troupe du Roi. Quoique sa taille ne passe guère la médiocre, c'est une taille bien prise, un air libre et dégagé, et, sans l'ouïr parler, sa personne plaît beaucoup. Il passe avec justice pour très-bon acteur, soit pour le sérieux, soit pour le comique, et il n'y a point de rôle qu'il n'exécute très-bien...

« Mais il n'a pas seulement succédé à Molière dans la fonction d'orateur, il lui a succédé aussi dans le soin et le zèle qu'il avait pour les intérêts communs et pour toutes les affaires de la Troupe, ayant tout ensemble de l'intelligence et du crédit. »

1. Les commencements avaient été durs, moins durs toutefois qu'on n'est porté à le croire : « Je trouve dans les registres, à la date du vendredi 31 juillet 1676 : « L'on ne joua point vendredi à cause de la pièce nouvelle due à l'afficheur. » Il semble qu'il ait refusé d'afficher parce qu'il n'était pas payé. Rien ne prouverait mieux la détresse de l'ancienne Troupe de Molière à cette époque, que cette cause forcée de relâche. » *Le Théâtre français sous Louis XIV*, p. 142.

Il n'en est rien. Cette cause forcée de relâche n'a pu prendre apparence de preuve que par l'effet de la prévention naturelle. Avec un point mis à sa place, la note du registre de 1676 retrouve son véritable sens : « L'on ne joua point vendredi à cause de la pièce nouvelle. » Lisez : Il y eut répétition générale de la pièce nouvelle (*le Triomphe des Dames*). « Dû (et non pas *due*) à l'afficheur... » Le chiffre

relâcher de son privilége. La Grange, par son crédit personnel et un droit, en quelque sorte, ou plutôt un bénéfice de succession, obtenait quelque adoucissement aux rigueurs du monopole. Avec un peu de danse et de musique, beaucoup de machines ajustées sur des poëmes ingénieux, Guénégaud faisait encore concurrence à l'Opéra dans une certaine mesure. Lulli avait Quinault; La Grange avait Thomas Corneille et de Visé, de Visé, devenu le grand nouvelliste du jour, le directeur du *Mercure galant*, et resté l'ami de la maison, comme au temps de Molière. N'oublions pas non plus que Molière lui-même avait mis le théâtre dans la voie des grandes pièces, soutenues par tous les agréments de la représentation. La Grange y suivit son maître, sans rien négliger de leur commun répertoire, le répertoire de la vraie comédie. Mais sur ce fond déjà si riche, quelle heureuse suite de coups de partie! *Circé* d'abord; *l'Inconnu* ensuite, ce chef-d'œuvre du genre, ce poétique *Pied de Mouton* du XVIIe siècle, où La Grange (le marquis), invisible Gusman, multipliait autour de Mlle Molière (la comtesse) tous les enchantements, toutes les fêtes imaginées par une ingénieuse et magnifique galanterie; la *Phèdre* de Pradon, qui eut tout l'air d'une victoire, et qui fut bien une victoire (hélas!), puisque Racine abandonna le champ de bataille; *la Devineresse*, fantasmagorie curieuse, saisissante imitation du prétendu monde infernal où la justice venait de porter la hache et le flambeau, spectacle réussi

est resté en blanc, peu importe; mais « dû à l'afficheur... » veut dire que l'affiche, n'ayant pas été payée sur la recette, puisqu'il n'y avait pas eu de spectacle, restait à payer sur la prochaine recette avec les frais ordinaires de la représentation.

Le même vendredi 31 juillet, La Roque étant mort, les comédiens décidèrent qu'ils continueraient à la veuve, jusqu'à concurrence de cinquante pistoles, la pension du mari.

des sinistres artifices pratiqués par La Voisin et dont le secret avait été mis à nu par les enquêtes de la Chambre ardente.

D'un autre côté, P. Corneille à la retraite, Racine sous sa tente, — sa tente d'historien militaire, — que restait-il à l'Hôtel de Bourgogne? Peu de chose : Boyer, l'abbé Abeille, Ferrier de La Martinière, La Thuillerie à l'horizon, et deux astres jumeaux, Pradon avec M<sup>me</sup> Deshoulières. Sa belle et touchante tragédienne, la Bérénice, l'Iphigénie, la Phèdre du poëte des passions, M<sup>lle</sup> de Champmeslé, quittait la rue Mauconseil nous l'avons vu, et passait à Guénégaud ainsi que son mari. La Thorillière mort, — il mourut le 27 juillet 1680, — la Troupe à la dérive se trouvait encore une fois sans direction. Molière était enfin vengé de ses anciens ennemis. Mais l'auteur du *Misanthrope* n'avait plus partout que des admirateurs. Les vieilles inimitiés paraissaient bien éteintes. Devant cette situation, le Roi revint à l'idée de fondre les deux Compagnies, personne ne s'en défendit plus et la fusion eut lieu; appelons-la de son nom officiel : la Jonction de 1680.

Il est certain que, en associant ces deux gloires, la gloire de l'Hôtel de Bourgogne et celle de l'ancien Palais-Royal, Louis XIV fit un théâtre tel que Paris n'en avait jamais eu, et si bien fondé pour l'avenir que son crédit, au lieu de diminuer, semble plutôt s'accroître de la durée de deux siècles. A partir de la grande Jonction, magnifique nouveauté! les représentations de la Comédie-Française devinrent quotidiennes. La seule Compagnie entretenue désormais par le Roi réunit tous les bons acteurs, pour le sérieux et pour le comique, de manière à réaliser l'ensemble d'exécution le plus complet; mais, on nous permettra d'arrêter, un moment, l'attention ici :

sur quel théâtre s'opérait cette Jonction? Sur le Théâtre de la rue Mazarine, appartenant aux camarades de Molière. Avec quel orateur? Avec La Grange, le successeur de Molière dans les mêmes fonctions d'orateur qu'il avait déjà exercées au Palais-Royal. Laquelle des deux Troupes a perdu ses archives, des archives si importantes et remontant à un lointain si profond? La Troupe de l'Hôtel de Bourgogne. Laquelle a le mieux conservé les siennes? Celle de Molière et de sa veuve, devenue, en traversant deux siècles, la Société du Théâtre-Français rétablie au Palais-Royal, et qui a gardé presque sans lacunes, de 1659 jusqu'à nos jours, les registres de la famille perpétuelle.

La réouverture de l'Hôtel Guénégaud se fit le 25 août. *Phèdre* et Racine en eurent les honneurs. On pourrait voir dans le choix du spectacle un acte de courtoisie de La Grange envers les nouveaux venus : « Commencez, Messieurs de l'Hôtel de Bourgogne! » Mais, en réalité, c'était bien Guénégaud qui commençait, qui recommençait, pour mieux dire. L'affiche de la réouverture était exactement celle de la clôture : *Phèdre* et *les Carrosses d'Orléans*, *Phèdre* avec Mlle de Champmeslé et Guérin-Théramène. Après *Phèdre*, *le Misanthrope* et encore *les Carrosses d'Orléans*. La Grange et Mlle Guérin dans *le Misanthrope*. Il avait fallu bien des événements, la mort de Molière avant tout, pour qu'on vît Molière et Racine partager fraternellement la même scène.

La Grange n'en était pas à se rencontrer pour la première fois avec l'auteur d'*Alexandre* depuis l'étrange procédé[1] qu'avait eu celui-ci vis-à-vis de la Troupe de Monsieur.

1. Le procédé de Racine envers Molière au sujet d'*Alexandre* se trouve ainsi raconté dans le Journal de La Grange, sous la date du

L'entrée de Mlle de Champmeslé à l'Hôtel Guénégaud, le répertoire du poëte (*Phèdre* même, ô Pradon!) qu'elle y avait apporté pour ses débuts, avaient ramené Racine dans la maison. Ils se revirent pour la distribution des rôles qui était à refaire; mais, malgré la politesse de La Grange, on peut supposer que leurs relations se ressentirent toujours un peu du passé, et qu'avec un auteur aussi difficile à satisfaire, La Grange se trouva heureux d'avoir renoncé à la tragédie.

Sans s'effacer d'ailleurs devant ses nouveaux camarades, La Grange resta le comédien qu'il était; mais il se donna de plus en plus aux soins de l'administration du Théâtre. Une mutuelle estime, une égale probité les attiraient, Guérin et lui, l'un vers l'autre. Le mariage de celui-ci avec Mlle Molière, au lieu de les séparer, les rapprocha encore davantage. Ils s'unirent tous les trois dans une affectueuse intimité dont elle était le lien, le répertoire de Molière le rendez-vous et l'habitude. Leurs anciens rôles continuaient de mettre ensemble La Grange et Mlle Guérin. Guérin se joignait à eux dans les grands raisonneurs, dans les rôles à manteaux, dans *l'Avare*, où il était excellent, et, soit qu'il eût connu le grand comédien en province, soit qu'il se fût lié particulièrement avec lui pendant son passage au Marais, il se tenait aussi pour un des vieux amis de Molière.

Cependant, la constitution de la nouvelle Société s'ébauchait et se façonnait jour à jour. Les ordonnances

18 décembre 1665, — le Palais-Royal était à la cinquième représentation de la pièce : « Ce même jour, la Troupe fut surprise que la même pièce d'*Alexandre* fût jouée sur le Théâtre de l'Hôtel de Bourgogne. Comme la chose s'était faite de complot avec M. Racine, la Troupe ne crut pas devoir donner les parts d'auteur audit M. Racine, qui en usait si mal que d'avoir donné et fait apprendre la pièce aux autres comédiens. »

royales du 8, du 22 et du 24 août, celle du 21 octobre 1680 et le contrat de Société du 5 janvier 1681 étaient le point de départ de toutes les ordonnances, de tous les décrets, de tous les règlements qui devaient suivre jusqu'à nos jours et dont les plus récents gardent encore les formules historiques[1]. Pendant douze ans, La Grange assiste à ce travail de l'autorité royale sur la Société, de la Société sur elle-même. Il y aide avec dévouement ou par obéissance et par respect. Il en est l'auxiliaire judicieux et sage, résigné au besoin, d'autant plus patient qu'il sait que le caprice et le bon plaisir se corrigent eux-mêmes, que les erreurs se redressent à la mise en œuvre, et que la raison, qui se reste fidèle, a bien des chances pour avoir finalement raison.

1. « Copie des ordres du Roi pour la Jonction des deux Troupes de comédiens de Sa Majesté. — Sa Majesté, désirant de réunir les deux Troupes des comédiens qui représentent dans Paris, m'a ordonné de leur faire savoir que son intention est de garder à son service ceux dont j'ai écrit les noms dans ce mémoire, Sa Majesté voulant qu'il soit exécuté dans tous ses points; et ceux et celles qui n'y acquiesceront pas ne pourront désormais jouer la comédie dans Paris. A Charleville, le 8e août 1680. Signé, le duc de Créqui. »

Le décret de 1850 modifie et confirme en même temps cette disposition à l'égard du sociétaire, qui ne sera pas mis, après vingt ans de service, en demeure de continuer à jouer sur le Théâtre-Français : « Il ne pourra jouer sur les théâtres de Paris qu'avec l'autorisation du ministre de l'intérieur. »

Au-dessous de la liste des comédiens que désire conserver le Roi soit à part entière, soit à demi-part : « La Troupe est composée de quinze acteurs et de douze actrices, qui forment vingt-une parts et un quart.

« Sa Majesté désire de retenir une demi-part pour en disposer comme elle le jugera à propos. Cette demi-part est par-dessus les vingt-une parts un quart. »

Les vingt-deux parts se retrouvent dans le décret de Moscou comme le cadre des sociétaires du Théâtre-Français.

La demi-part que retenait le roi Louis XIV, — un mot dont le sens a tout à fait changé, — n'a pas cessé d'être traditionnellement retenue.

Depuis que Louis XIV fait à la seule Troupe de ses comédiens français une pension de 12,000 livres,— première ou plutôt seconde forme de la subvention, — et que ses ordres leur sont communiqués par l'intendant des Menus-Plaisirs, le Roi les mande à chaque instant auprès de lui, cinq fois par exemple, du 12 au 18 janvier 1681, dans la même semaine, et toujours les ordres sont adressés à La Grange.

C'est à La Grange que M. Duché écrit, le 5 janvier 1681 :

« Je prie Monsieur de La Grange de prendre la peine d'auertir, ce soir, la Troupe de se tenir preste pour aller demain à Saint-Germain joüer *Œdipe* et *le Mariage forcé*. Je vien de donner ordre de fournir 6 carosses et une charette.

« Je suis son très-humble et très-obt serviteur,

« DUCHÉ[1].

« La charrette sera demain matin à 7 heures à Guénégaud et les carrosses à 10. »

Autre lettre du 12 :

« Je prie Monsieur de La Grange de prendre la peine d'auertir aujourd'hui la Troupe de ce tenir preste demain matin, à 10 heures, pour aller à Saint-Germain-en-Laye jouer *Iphigénie*, avec une petite pièce, telle qu'il leur plaira, deuant Monseigneur qui l'a ordonné ainsy, et de m'enuoyer le petit Mémoire des noms des personnages, comme au dernier jour.

« Je suis son très-humble et très-obéissant serviteur,

« DUCHÉ[2]. »

1. Archives de la Comédie-Française.
2. *Idem*.

Auparavant, lorsque le Roi voulait avoir Molière à Saint-Germain, à Versailles ou à Chambord, Molière fermait son Théâtre et partait avec ses camarades. Paris attendait. Depuis la Jonction, le Roi, et c'est là sa grande munificence envers ses sujets, ne veut plus que Paris soit sacrifié à ses plaisirs. Service du Roi, service du public, les deux doivent aller de pair. « La Troupe est si nombreuse, dira bientôt la préface du *Molière* de 1682, que souvent il y a comédie à la cour et à Paris en même jour, sans que la cour ni la ville ne s'aperçoivent de cette division. »

Voilà qui est net. Malgré cette assurance positive, les choses sont loin de s'arranger sans peine. A supposer que ni la cour ni la ville ne s'aperçoivent de la division, et cela est douteux, on s'en aperçoit au Théâtre. La division y est, dans quelque sens qu'on l'entende. Si le Roi doit passer deux mois à Fontainebleau, comme en août et en septembre 1681, la Troupe est partagée en deux séries pour les deux moitiés du voyage. Aussitôt les deux séries se jalousent. Ni l'une ni l'autre n'est bien satisfaite du mois qui lui est échu. Ceux qui partent les premiers voudraient ne rentrer à Paris qu'avec octobre et la cour; ceux qui restent n'ont jamais trouvé aussi triste de jouer à Paris, en pleine saison d'été, et soupçonnent qu'arrivés à la cour leurs camarades les y desservent.

*Ordre pour Fontainebleau*[1], porte en tête une troisième lettre de M. Duché, écrite le 5 août à La Grange :

« Il est vray, Monsieur, que dans le temps que j'ai receu votre lettre, le Roi avait desjà ordonné, auec la plus

1. *Ordre pour Fontainebleau* est une correction. Il y avait d'abord *à Fontainebleau* seulement.

grande bonté du monde pour touste votre trouspe, quelle sera employée pour son seruice et pour vostre utillité, suiuant le Mémoire que je vous enuoie pour en informer, s'il vous plaist, tous vos camarades qui sont à Paris, afin qu'ils puissent prendre leurs mesures là-dessus comme ceux d'icy. Je vous assure, Monsieur, qu'on n'en peut pas uzer plus honnestement qu'ils ont faict pour tous les absens et qu'ils en seraient demeurez à *Marianne,* si le seruice ne les auait obligé de ce mettre en estat de faire tout ce qu'il plaira à Sa Majesté, jusqu'au dernier de ce mois, comme vous aurez le mesme auantage, quand vous serez icy jusqu'au mois d'octobre. Vous estes si sage et si raisonnable, que je ne doute pas que vous leur faciez comprendre aisément l'obligation que vous auez tous à Sa Majesté, et que vous ne soyez bien persuadé, Monsieur, que je suis vostre très-humble et très-obéissant serviteur,

« DUCHÉ. »

Le sens de la lettre se perd un peu, dans les sous-entendus; mais voici une note[1] sans date et sans signature, écrite de la même main toutefois, qui peut aider à le faire comprendre :

« Si tous vos camarades qui sont icy, » c'est-à-dire à Fontainebleau, « font bien réflection sur la proposition que je leur ay faicte ce matin, pour l'intérest de la trouspe, ils se mettront en estat d'asprendre incessamment la pièce de M. le clerc, pour la joüer deuant le Roy, au lieu de *Marianne.* Ils m'ont demandé jusqu'à demain pour me dire leurs sentimens là-dessus. Je souhaiste qu'ils aient tout le respect et toute la complaisance qu'ils

1. Archives de la Comédie-Française.

doiuent à M. le Duc de Richelieu, que j'honore très-particulièrement, comme je vous l'ay dict, quand vous m'en auez parlé, et, assurément, vostre compagnie s'en trouuera mieux. »

Les choses commencent à s'éclaircir. La première série des acteurs partit le 28 juillet pour Fontainebleau, d'où elle devait revenir le 3 septembre. C'était la série du tragique : Champmeslé, Beauval, Baron, La Thuillerie, Hauteroche, M<sup>lles</sup> Champmeslé, Le Comte, Angélique et Beauval. Raison de plus pour que la seconde série, celle du comique : notre La Grange (mais celui-ci mis à part), Verneuil, Guérin, Hubert, Rosimond, Du Croisy, Le Comte, M<sup>lles</sup> Guérin, de Brie, La Grange et Guyot, — trouvât mauvais d'être reléguée dans l'étouffante solitude de la rue Mazarine, sans profit et sans gloire.

Les tragédiens apportaient au château leur programme, arrêté par la Compagnie : *Mithridate, les Fâcheux, Phèdre, Sertorius, les Horaces, Œdipe, Scévole, Andromaque, Polyeucte, Marianne* et *Venceslas*, un programme de chefs-d'œuvre, tels que le Roi les aimait, il faut le dire ; mais à côté des goûts du Roi, et, sans les consulter, on peut le croire, s'était glissée l'intrigue que voici :

Le duc de Richelieu a un intendant auquel il s'intéresse, membre de l'Académie d'ailleurs, poëte patient et mûr qui a eu une *Virginie* représentée dans des jours lointains, et contemporaine de la *Théodore* de Corneille, puis une *Iphigénie* jouée trente ans plus tard, sujet d'un célèbre débat entre lui et son ami M. Coras, — autant dire M. Le Clerc tout de suite. M. Le Clerc donc, et seul cette fois, a donné aux comédiens un *Oreste* que ceux-ci ont reçu. L'auteur et la pièce attendent leur tour; mais s'il faut l'attendre trente ans encore, M. Le Clerc n'est plus en fonds pour recommencer et désespère, lui aussi, à l'idée d'espérer toujours.

C'est ce même *Oreste* qu'on voudrait tirer vivant des cartons de la Comédie. Le duc de Richelieu a promis de l'en faire sortir. Avec les comédiens à Fontainebleau l'occasion est bonne. Le duc a déjà parlé d'*Oreste* dans son groupe et *Oreste* a un parti. Dès que les comédiens arrivent, on les entoure; le mot du moment est : « un ouvrage nouveau! Le goût de la cour est au nouveau! » On leur conseille d'offrir au Roi la primeur d'une pièce nouvelle et de rajeunir leur répertoire avec *Oreste*.

Les comédiens un peu surpris commencent par s'en défendre : Leurs jours sont comptés. — Qu'à cela ne tienne! — Leurs spectacles arrêtés. — On en changera un; *Marianne*, par exemple. *Tristan* ne réclamera pas. — Mais les rôles ne sont pas sus. — On aura le loisir de les apprendre. — Ils ne sont pas distribués. — L'auteur les distribuera.

Les comédiens n'osent probablement pas donner leur dernier argument, à savoir, que la pièce est mauvaise; aussi bien ne sont-ils pas à Fontainebleau pour s'y mettre mal avec les grands seigneurs qui les caressent. Au fond, ils seraient assez aises de faire leur cour et en demandent la permission à ceux de Paris. C'est à Paris qu'on se révolte et qu'on s'indigne, qu'on reproche à ceux de Fontainebleau de trahir les intérêts de la maison. A Fontainebleau, le duc de Richelieu ne se montre pas; mais il se pique. M. Duché insiste, il écrit à La Grange et découvre le Duc dans sa note confidentielle. La Grange est sage et raisonnable en effet. Il voit le danger. Il fait entendre raison aux mécontents. *Oreste* se jouera. On apprend une partie des rôles à Fontainebleau, une autre à Paris. M. de Richelieu triomphe. *Oreste* est représenté devant le Roi. Il est vrai que le Théâtre Guénégaud est obligé de faire relâche[1] le 27 et le 28 août. Il est vrai aussi que la pièce ramenée à Paris et représentée le 10 octobre devant le public était morte le 14, à la seconde représentation, et que l'*Oreste* de M. Le Clerc, à peine connu des Dictionnaires de théâtres, n'a pas même eu, comme l'*Iphigénie*, l'honneur de laisser son nom conservé dans le sel, par une épigramme de Racine.

Ces difficultés, avec lesquelles Molière n'avait pas eu à compter, iront se multipliant au-devant de La Grange.

1. « Mercredi 27 et jeudi 28, écrit La Grange, on ne joua point à cause du départ de MM. Verneuil, Dauvilliers et Delagrange pour Fontainebleau, pour *Oreste* de M. Le Clerc, intendant de M. le duc de Richelieu. » Intendant de M. le duc de Richelieu dit tout. — Mais, ou La Grange n'avait pas tout à fait renoncé à jouer dans la tragédie, ou il joua, par exception, dans *Oreste*, voulant prouver à M. Duché qu'il l'avait bien compris, et afin que « la Compagnie s'en trouvât mieux ».

Du reste, M. Duché avait eu raison d'écrire que la seconde série aurait à son tour « l'avantage de faire tout ce qu'il plairait à Sa Majesté ». A la suite des *Femmes savantes*, de *Tartuffe*, du *Misanthrope*, de *l'Avare* et d'*Amphitryon*, elle joua, dans la galerie des Cerfs, *l'Impromptu* du maréchal de Vivonne et du duc de Nevers. Ce fut son *Oreste*; mais l'*Impromptu* des deux poëtes de cour eut le bon esprit de ne pas vouloir passer sur le Théâtre de la ville.

A côté du programme tragique, le programme comique paraît un peu court : six spectacles au lieu de onze. Peut-être plusieurs comédies furent-elles jouées deux fois. Il faut dire aussi que le second mois se trouva un peu abrégé par un déplacement de la cour et par cet événement de si haute importance que La Grange raconte avec une admirable simplicité : « Le 25e septembre, la Compagnie qui était à Fontainebleau partit pour Chambord, où, étant arrivée, il y eut contre-ordre, le Roi étant allé prendre la ville de Strasbourg. »

Voir au sujet de ce contre-ordre une lettre du duc de Saint-Aignan, et, au sujet d'un autre relâche qui eut lieu à Paris le 13 septembre, une lettre de Hauteroche. (*Dossier de La Grange.*)

Nous avons vu tout à l'heure les comédiens appelés à Saint-Germain-en-Laye pour y jouer *Iphigénie* (la vraie *Iphigénie*) à Monseigneur. Monseigneur, c'est le Grand Dauphin, fils aîné de Louis XIV, et, à côté de Monseigneur, depuis le 7 mars 1680, il y a Christine-Victoire de Bavière, Grande Dauphine de France.

La Grande Dauphine était dépaysée; pour occuper sa belle-fille qui se laissait aller à l'ennui, le Roi l'avait nommée Surintendante des spectacles. Qu'elle prît ou non ses fonctions au sérieux, elle avait la haute direction des théâtres. C'était en son nom qu'on y commandait et qu'on réglementait à plaisir. C'était elle qui donnait les ordres de début, — quand ce n'était pas le duc de Richelieu, son chevalier d'honneur, — et qui prononçait les admissions des comédiens, — quand ce n'était pas le Roi! et tout le monde, et la prévention, et le caprice.

Revenu victorieux de Strasbourg, « *Clausâ Germanis Galliâ*[1]! » le Roi demanda *le Bourgeois gentilhomme* pour Saint-Germain. La représentation devait avoir lieu le 29 novembre. Ce jour-là, le Roi n'eut pas à se plaindre d'avoir *failli* attendre, il attendit; les comédiens ne vinrent pas. On avait oublié de leur donner des ordres. Il fallut aller se justifier et exposer ses raisons au Premier Gentilhomme.

Un autre jour, la Troupe est mandée à Versailles pour y jouer *Cinna*, et vient se mettre aux ordres de la cour; mais la cour a changé d'avis. Il n'y aura pas de représentation; le spectacle est remplacé par une cavalcade autour du lac et une promenade dans les carrosses.

Le Roi, qui se souvient d'avoir vu Brécourt, en face d'un sanglier de Fontainebleau, se tirer galam-

1. Exergue de la médaille commémorative.

ment d'affaire avec un coup d'épée héroïque[1], le fait rentrer par ordre dans la Compagnie. Avant la fin de l'année, Brécourt est arrêté pour dettes, et vient pendant trois mois faire son service, au Théâtre, sous la garde d'un huissier.

Parmi ces contre-temps et ces imprévus de toute sorte, au milieu des accidents journaliers, des procès qui finissent[2] et des procès qui recommencent, des désordres

1. Peut-être aussi Louis XIV se souvenait-il de s'être fait lire la *Louange au Roi sur l'Édit des duels*, qui concourut en 1671 pour le prix de l'Académie française. L'Académie couronna la pièce de vers de La Monnoye; mais le Roi préférait celle de Brécourt. Le Roi s'y connaissait, après tout. Le vers de Brécourt est franc et solide. Sa flatterie même, malgré l'hyperbole obligée, ne manque pas d'une certaine indépendance d'esprit :

> Ah! s'il m'était permis, Monarque plein de gloire,
> De te choisir des noms dignes de ta mémoire,
> Je ne redirais point, après mille autre voix :
> Louis est le plus juste et le plus grand des rois.
> Tes sublimes vertus ne sont pas si bornées;
> Le nombre est trop petit des têtes couronnées,
> Et, dans le peu de rois que le destin nous fait,
> Il n'est pas malaisé d'être le plus parfait;
> Mais je te nommerais, jusqu'au siècle où nous sommes,
> Le plus puissant des rois et le plus grand des hommes.

Du reste, Brécourt, excellent comédien dans les deux genres, n'avait que trop de la qualité demandée par Voltaire aux interprètes de son théâtre, « le diable au corps ».

2. « Le 2 avril 1683, dit La Grange, arrêt de la cour à la Grand'-chambre, au rapport de M. Fraguier. J'ai gagné mon procès contre Benoist et Provost, reste du procès contre Lamang. »

Quel est ce procès qui finit? Il n'a pas rapport aux affaires de la Comédie-Française; il est personnel à La Grange qui l'appelle son procès. Serait-ce la suite et le dénoûment heureux de sa revendication contre l'infidèle tuteur? sa rentrée en possession des biens paternels? Peut-être enfin trouverait-on là quelque chose de définitivement constaté pour une histoire moins incertaine. Jusqu'ici, par malheur, l'arrêt du 22 avril a échappé aux investigations les mieux conduites. Deux érudits d'une compétence toute particulière, l'auteur des excellentes

dans le parterre, des sifflets qui entrent en jeu[1], sifflets d'acier, sifflets d'ivoire, qui se cherchent, qui se concertent, qui se groupent par escouades et qui font rage à tout propos, des assauts à soutenir contre messieurs les Mousquetaires du Roi qui ne renoncent pas à forcer,

*Études sur le Châtelet et sur le Parlement de Paris,* — l'auteur de l'*Histoire du Tribunal révolutionnaire et de Marie-Antoinette* (procès du Collier), ont bien voulu faire de minutieuses recherches, l'un dans le Recueil des arrêts du Parlement (collection Penthièvre), l'autre dans le vaste dépôt des Archives nationales qui lui est si familier; mais ces recherches sont demeurées sans résultat. Nous n'en devons pas moins de sincères remercîments à M. Charles Demaze et à M. Émile Campardon pour leur parfaite obligeance. Nous en devons encore à M. Campardon pour le contrat de mariage de La Grange qu'il a découvert et qu'il s'est empressé de mettre à notre disposition. Grâce à ce bon office généreusement rendu, on trouvera au *Dossier de La Grange* cette pièce intéressante et aussi propre qu'aucune autre à justifier la révolte de Philaminte contre son notaire :

> Vous ne sauriez changer votre style sauvage
> Et nous faire un contrat qui soit en beau langage.

1. Tout le monde connait l'épigramme de Racine :

> Ces jours passés, chez un vieil histrion,
> Un chroniqueur émut la question :
> Quand, à Paris, commença la méthode
> De ces sifflets qui sont tant à la mode?
> Ce fut, dit l'un, aux pièces de Boyer,
> Gens pour Pradon voulurent parier.
> Non! dit l'acteur, je sais toute l'histoire,
> Qu'en peu de mots je vais vous débrouiller :
> Boyer apprit au parterre à bâiller;
> Quant à Pradon, si j'ai bonne mémoire,
> Pommes sur lui volèrent largement;
> Mais, quand sifflets prirent commencement,
> C'est (j'y jouais, je suis témoin fidèle),
> C'est à l'*Aspar* du sieur de Fontenelle.

Que le parterre ne se fût pas toujours permis d'exprimer tout haut son impatience, on ne le croira guère. Il semble cependant, à remonter vers Corneille et ses précurseurs, qu'on sent dans le public une impression de respect et comme une crainte d'être ingrat envers les beaux esprits qui lui consacrent leurs veilles. Boileau tua cette reconnaissance

l'épée nue, l'entrée de la Comédie. La Grange ne se décourage pas, reprend où il peut la suite de son travail, répare ce qu'on lui laisse réparer, toujours de sang-froid, toujours l'homme de la mesure et des justes convenances.

et ce respect. La satire livra d'illustres lettrés au ridicule. Le cabaret littéraire se fit bureau de parodies. L'ordre du sifflet naquit aux dîners du *Mouton blanc*, où Racine tenait le dez avec son ami. C'est au moins ce que donne à entendre Boyer dans la préface de son *Artaxerce*, suppliant le spectateur honnête « de ne point se laisser prévenir par ces messieurs qui se font chefs de parti et moins encore par ceux qui les suivent aveuglément et qui présument avoir le même droit de décider souverainement, parce qu'ils ont quelque commerce de débauche ou de plaisir avec eux... »

« C'est beaucoup que de boire avec ces grands docteurs,
Qui se font les tyrans du reste des auteurs;
Mais se connaître en comédie
Est un don qui dépend d'un naturel heureux
Et non pas une maladie,
Qui se gagne à boire avec eux. »

Quoi qu'il en soit, l'honneur d'avoir eu les prémices du sifflet, du Furet des nouveautés, comme l'appelle Arlequin, reste acquis à Fontenelle et à sa tragédie d'*Aspar*. *Aspar* fut joué en 1680. La date mérite d'être remarquée. Le Théâtre et le public se constituaient en même temps, l'un par la Jonction, l'autre par le sifflet.

Après *Aspar*, sans sortir de la famille, le sifflet, le fléau du sifflet, sévit l'année suivante contre *la Pierre philosophale* de Thomas Corneille et de de Visé, plus tard contre *le Baron des Fondrières*, les deux plus beaux exemples du genre.

Boyer parle encore d'une pièce intitulée *le Festin des dieux*, emportée, dit-il, par de semblables bourrasques, et dont l'auteur lui aurait communiqué l'épigramme citée plus haut; mais le *Festin des dieux* n'a pas laissé de traces, et peut-être l'auteur était-il Boyer lui-même. Ce cruel amusement du parterre était encore de mode en 1696, où il fallut prendre contre lui des mesures décisives. Les siffleurs étaient enlevés et jetés en prison par la garde du Théâtre, témoin le pauvre marchand boucher Jean Caraque, héros naïf et désolé de la *Chanson nouvelle sur la raillerie du boucher qui a sifflé à la Comédie*.

Le 5 juillet 1689, c'était une représentation de *la Coquette*, on lit sur le registre de la Comédie : « *A une mouche* pour les siffleurs au parterre... 15 s. »

Le *Mercure* rapporte un exemple de ce sentiment délicat, qui fut remarqué dans un événement public.

C'était le 30 juillet 1683, le jour où la mort de Marie-Thérèse fut le premier chagrin que la fille de Philippe IV devait donner à son royal époux. Vers le matin, une nouvelle était venue, moins qu'une nouvelle, un dire vague et confus qui ne méritait pas d'être écouté, quelque chose qui ressemblait plutôt à un ancien souvenir de la mort de Madame, et confondait le nom de Madame avec celui de la Reine.

Morte la Reine? Morte, elle aussi, avant qu'on la sût incommodée? elle aussi, au retour d'un voyage triomphal, dans la plénitude des grandeurs et de la vie? Pour croire à quelque chose de semblable, il eût fallu douter du bonheur du Roi, de la vertu de la Reine et de la justice de Dieu. Les cloches sonnaient cependant pour les prières des quarante heures; mais les cloches sonnaient toujours à Paris. Quelques carrosses se portaient sur la route de Versailles; mais les carrosses ne revenaient pas, et la ville gardait sa physionomie ordinaire. Les théâtres s'ouvrirent. Et pourquoi non? L'Opéra donnait le *Phaéton* de Quinault et de Lulli; Guénégaud *la Toison d'or*, la fameuse tragédie de Corneille machinée par le marquis de Sourdéac, précisément pour le mariage de Louis XIV avec l'Infante d'Espagne et qu'on venait de reprendre avec un grand appareil. Le *Prologue*[1] se terminait, lorsqu'un avis trop sûr fut apporté aux comédiens. Dès ce moment, il n'y

1. Un nouveau *Prologue* fait par La Chapelle. Si celui de Corneille avait été conservé, on aurait encore vu, ce jour-là, perpétuelle ironie des choses! « l'Hyménée... couronné de fleurs, portant en sa main droite un dard semé de lis et de roses... en la gauche le portrait de la Reine peint sur son bouclier, et toutes les merveilles accomplies par la seule vue de cette magique image ».

avait plus qu'à prier le public de se retirer et à éteindre les lumières. La Grange alors, « celui qui a de coutume d'annoncer », pour parler comme le *Mercure*, s'avança lentement jusqu'au bord de la scène. Sa démarche et sa physionomie ayant préparé l'auditoire à ce qui pouvait lui être communiqué de plus funeste, il se contenta de dire que le malheur qui venait d'arriver ne permettait pas d'achever la représentation. Profond silence. Quel était ce malheur ? A voix basse, d'une des loges placées sur la scène, une dame en fit la demande au comédien, qui lui répondit de même. Aussitôt un cri qui s'échappa redoubla l'émotion générale. En un instant, tous les spectateurs avaient appris ce qui ne devait plus être ignoré et la foule s'écoulait dans une consternation inexprimable.

On sut gré à La Grange de n'avoir pas cherché d'autres paroles, de n'avoir pas même, par respect, prononcé sous les chandelles d'un théâtre le nom de la sainte Reine que le mystère de la mort mettait face à face avec Dieu.

La cour l'en félicita lorsque, dix-sept jours plus tard, il fut député avec Dauvilliers à Fontainebleau, pour demander la permission de *rouvrir*, la pompe funèbre terminée.

La Grange, après Molière, comme acteur et comme orateur de la Comédie, a été un des pères du Théâtre-Français. Il en a dirigé les premiers pas. Il l'a vu croître et s'élever sous sa douce et longue tutelle. De 1673 à 1692, quoi qu'ait fait la Compagnie, elle n'a rien fait qu'il n'ait étudié, préparé, exécuté avec elle et pour elle. Il présidait la réunion dans laquelle elle décida de tenir désormais des assemblées régulières, avec le bénéfice d'un jeton de présence, et fit faire le jeton d'argent, représentant d'un côté le profil du roi, de l'autre cette ruche laborieuse[1], entourée d'abeilles à l'essor, qui fut quelquefois l'emblème de la Comédie-Française.

Il reçut le nouveau tableau de la Troupe (en juin 1684) tel que le Roi et M^lle la Dauphine jugèrent à propos de le modifier par la mise à la retraite de Verneuil[2], de

1. En 1719, qu'elle fût prise — un peu tard — de la fièvre de l'agiotage, ou qu'elle cédât à l'influence de ses Supérieurs, la Comédie porta aussi son argent au gouffre du Système. La Ruche figure alors dans une suite de malheureuses spéculations :

« 10 juillet. La Troupe fait inscrire sur son registre (1719-20) les numéros des billets de la loterie de l'Hôtel de Ville qu'elle a pris sous la devise « à la Société des 23 ». Autant de billets que de parts.

« 14 août. La Troupe prend de nouveaux billets de la loterie.

« 21 août. La Troupe convertit en billets de la Banque (hélas!) l'argent déposé chez son notaire.

« 11 septembre. Nouveaux billets sous la devise : « la Ruche. »

« 11 septembre. Les louis d'or ont diminué de 20 sols. Ils ne valent plus que 33 livres et les écus ont diminué de 4 sous pièce.

« 6 novembre. Nouveaux billets de loterie sous la devise « la Mouche et les Frelons ». *Note communiquée par M. Régnier.*

Et pour moralité dernière : 1720, faillite de la Banque, avec un déficit de trois milliards.

2. Suivant Bordelon, après la mort du tuteur, le frère de La Grange quitta la Comédie et alla prendre le soin de son bien.

Après la mort du tuteur, le bien avait donc fait retour aux héritiers Variet? Cela est possible. Si pourtant Verneuil eût renoncé de lui-même au théâtre, son frère lui aurait laissé l'honneur de sa démission et aurait ajouté quelque commentaire à cette note de la liste communiquée par le duc de Créqui : « Verneuil sortira de la Troupe avec une pension de 1,000 livres, et il lui sera payé la somme de 800 livres dans le courant de l'année. »

D'un autre côté, M. de Léris répète, sur ouï-dire, que La Grange, en mourant, laissa 100,000 écus de bien. 100,000 écus sont une grosse somme, et, quoi qu'on en rabatte, ce n'est pas au théâtre que La Grange aurait acquis une telle fortune; il faudrait donc en revenir au bien paternel, accru peut-être de celui du tuteur?

C'est là que l'on regrette de ne pas connaître le procès Lamang et ses péripéties.

MM[lles] de Brie, d'Ennebaut et Dupin, et par l'admission de Pierre de La Thorillière.

Il eut à faire connaître aux comédiens le règlement signé du duc de Créqui, concernant les affaires du Théâtre en général et la distribution des rôles en particulier, qui plaçait la Société sous les ordres des Premiers-Gentilshommes de la chambre et ne lui permettait de prendre aucune mesure que du consentement de ses Supérieurs.

Il organisa les premiers débuts d'acteurs à l'essai qui eurent lieu pour Mlles Dancourt, du Rieux et des Brosses, prépara la reprise de *Psyché*[1], fit échouer la demande de Mlle Dupin, qui essayait de rentrer dans le Théâtre par le contrôle, en enlevant la recette à Mlle Provost[2]. Il vit mourir Brécourt, remplacé par Desmares; Hubert et Poisson prendre leur retraite, celui-ci remplacé par Rochemore, qui suscita une terrible affaire à la Compagnie avec la Dauphine[3]. Il vit la Dauphine chargée à l'avenir de dis-

1. Le Théâtre-Français conserve la maquette du *Palais de Psyché*, dessinée par le peintre Joachin Pizzoli, et acceptée pour la Compagnie par La Grange, ainsi que par Le Comte chargé avec lui de la comptabilité du Théâtre. Cette pièce curieuse porte les trois signatures. La reprise de *Psyché* eut lieu le 5 octobre 1684.

2. L'assemblée des comédiens votait alors avec des fèves. Il n'y eut que quatre fèves blanches pour Mlle Dupin, et Mlle Provost garda le poste qu'elle occupait depuis vingt ans. — N'était-ce pas de simples haricots blancs ou noirs que l'on appelait des fèves par euphémisme et en souvenir de l'antiquité?

3. « M. de Rochemore, dit La Grange (avril 1685), est entré à la place de M. Poisson et a sa part.

« *Nota*, ajoute-t-il, que, le jeudi saint, 19e avril, la Troupe est allée à Versailles présenter le Sr de Rochemore, et que des gens mal intentionnés rendirent en cette occasion de si méchants offices à MM. Baron et Raisin cadet, qu'ils furent exclus de la Troupe, par ordre du Roi, pour avoir manqué de respect à Mme la Dauphine. La Troupe avait trop d'intérêt à les justifier. On employa tout le crédit et toutes

poser des parts vacantes, et n'eut plus lui-même à intervenir que dans les arrangements relatifs à la transmission des parts entre les comédiens sortants et leurs successeurs.

Une invitation de se rendre, le 20 juin 1687, auprès du lieutenant général de police donna bien d'autres soucis à La Grange et à ses camarades. M. de La Reynie, au nom du Roi et de M. de Louvois, leur déclara qu'ils eussent à changer d'établissement, la Comédie, dans son hôtel de la rue Mazarine, n'étant pas un voisinage au gré de MM. les docteurs de la Sorbonne qui allaient prendre possession, à bref délai, du collége des Quatre-Nations.

Ce n'était pas une petite affaire pour les comédiens de replier encore une fois leur tente et de l'aller dresser ailleurs sous de nouveaux auspices. Le temps n'était plus de camper dans un jeu de paume. Il fallait ou trouver, ou faire construire un véritable hôtel; mais en quel lieu? Qui voudrait maintenant souffrir les bannis de Guénégaud, paraître seulement les souffrir pour voisins, après

les sollicitations possibles. Enfin, le 2e mai, ils obtinrent leur grâce, et le lendemain, jeudi 3e, ils allèrent remercier Mme la Dauphine, et jouèrent en public le vendredi 4 mai. »

M. de Rochemore devait avoir été lancé à Guénégaud par l'entourage de Mme la Dauphine. Baron et Raisin cadet, qui avaient peu d'estime pour le comédien protégé, eurent sans doute l'imprudence de s'exprimer trop vivement sur sa réception. Ce qui ne devait pas être entendu fut rapporté aux oreilles des dieux et la foudre partit; mais, en somme, après avoir menacé les hautes cimes, elle finit par frapper juste, en frappant au-dessous.

On lit sur le grand registre du Théâtre, à la date du 18 septembre : « Une partie de la troupe étant à Chambord, Mme la Dauphine n'ayant pas trouvé Rochemore capable de remplir la place du Sr Poisson, elle a ordonné que la part du Sr Poisson dont jouissait le dit Rochemore sera distribuée comme il suit... »

Baron en eut un huitième pour Mlle Baron. Le nom de M. de Rochemore reparaît dans une lettre écrite, le 17 mai 1689, par le fils de Duché à La Grange. (Voir au *Dossier*.)

l'exemple d'injurieuse hauteur donné par les professeurs sorbonistes? Partout où la Compagnie se présente, elle trouve une résistance qui s'élève, un intérêt particulier qui se défend. Clergé, chapitre, robe longue de toute espèce, personne ne consent à avoir la Comédie auprès de soi : le curé de Saint-Germain-l'Auxerrois, parce qu'on entendrait ses orgues dans le Théâtre et les violons du Théâtre dans son église; le curé de Saint-André-des-Arts parce qu'il a assez de cabarets sur sa paroisse; les Grands-Augustins, parce qu'ils ont ailleurs des terrains à vendre aux comédiens, — et M. de Seignelay donne raison aux Grands-Augustins, parce que son frère, M. de Blainville, ayant aussi quelque chose à vendre aux comédiens dans la rue de l'Arbre-Sec, fait faire sous main des offres à la Troupe.

Dix fois, La Grange et ses camarades se croient sur le point de conclure; et, dix fois, le marché se rompt. Où il ne se rompt pas, le Roi le brise. Le Roi ne veut pas de la rue de l'Arbre-Sec. Le Roi veut bien d'abord de l'hôtel de Lussan et puis il n'en veut plus. Le curé de Saint-Eustache lui a représenté qu'avec la Troupe du Roi, les acteurs de l'Opéra et ceux de la Comédie italienne, il aura, pasteur scandalisé, tous les comédiens de Paris dans son troupeau.

Démarches sur démarches, sollicitations sur sollicitations, refus sur refus; et des marchés conditionnels et des plans, toujours des plans recommencés! toujours des projets sans issue! Après le projet de la rue Montorgueil, celui de l'hôtel de Sens, celui de la place des Victoires et de la rue des Petits-Champs; ce serait à perdre courage, s'il ne s'agissait pas de vivre ou de mourir! Enfin pourtant, rue Neuve-des-Fossés-Saint-Germain-des-Prés, on trouve un jeu de paume, encore un jeu de paume! mais qu'y faire? Le jeu de paume de l'Étoile, cela rappelle la petite rue de l'Étoile, à deux pas de laquelle Molière a commencé. Le nom est de bon augure; et, malgré une dernière réclamation de Saint-Sulpice, le Roi autorise ses comédiens à devenir acquéreurs du jeu de paume de l'Étoile.

> Après bien du travail, le coche arrive au haut,

dit La Fontaine; mais ni la Comédie ni La Grange n'en étaient encore à reprendre haleine. Le contrat passé, il fallut payer la maison et le contrat, trouver de l'argent, constituer une rente et bâtir à grands frais! Il en coûta près de deux cent mille livres (198.233 liv. 16 s. 6 den.) à la Compagnie, quelle somme au XVII^e siècle! sans autres ressources pour y faire face que les 12,000 livres de la pension du Roi, en dehors des réserves à faire sur les recettes journalières! Les comédiens en traînèrent longtemps la gêne douloureuse! Tout passa par les mains de La Grange, de Le Comte et de Raisin, ses deux auxiliaires. La Grange fut le principal ouvrier de cette grande opération, il en fut aussi l'historien et il en a laissé le journal dans un second Registre, autographe comme celui-ci, intitulé : *Dépenses de l'établissement par Monsieur de La Grange, 20 juin 1687 au 17 novembre 1691*[1].

Le 18 avril 1689, après cinq semaines de relâche, qui ne mettent pas la Comédie en mesure de continuer ses réserves[2], elle recommence ses représentations, dans son

1. Voir l'exact et curieux recueil de M. Jules Bonnassies : *la Comédie française,* histoire administrative (1658-1757). Paris, Didier, 1874, in-18.

2. Le 1^er janvier, le présent était difficile et l'avenir incertain. La première ligne écrite sur le grand registre du Théâtre confie discrète-

hôtel de la rue Neuve-Saint-Germain-des-Prés, par *Phèdre* et *le Médecin malgré lui,* encore Racine et Molière.

Mais le nombre des anciens compagnons de Molière avait bien diminué. Du Croisy s'en allait à son tour. Excepté Baron, Mlle Beauval et son mari, — des transfuges ramenés! — La Grange n'avait plus avec lui que Mlle Molière qui eût été de la Troupe du Palais-Royal, et Guérin qui semblait en avoir été, tenant à Molière par sa veuve.

Le groupe des trois amis se resserre encore. Ils sont les aînés de la Troupe, et conservent leur rang à la tête. Ils jouent ensemble dans *le Misanthrope,* où d'Acaste La Grange est devenu Alceste, où Guérin est son Philinte, où Mlle Guérin reste Célimène, à moins qu'une indisposition ne mette Mlle Beauval à sa place; — ensemble dans *Tartuffe,* dans *Amphitryon* où Mlle Guérin partage Alcmène avec Mlle de Champmeslé, dans *l'Étourdi,* dans *le Bourgeois gentilhomme* et dans *les Femmes savantes.* Où ils ne sont pas tous les trois, on en trouve au moins deux, La Grange et Mlle Guérin, cela va sans dire, — Guérin et La Grange dans *l'Amour médecin,* dans *le Baron de la Crasse,* dans *les Visionnaires,* dans *le Cocher supposé,* dans *le Concert ridicule, le Florentin* et le reste.

Ainsi s'écoulent les années de 1689 à 1692, La Grange exerçant toujours sur la Compagnie l'autorité du dévouement, de la supériorité modeste et reconnue, l'autorité du camarade sans ennemis, en qui tout le monde se respecte et sent le Théâtre bien représenté[1]; Guérin, doyen

ment à la Providence la fortune de la Compagnie : « Au nom de Dieu et de la sainte Vierge, commence l'année 1689. »

Et déjà, le 27 mai 1688, on lit : « Relâche pour le respect de la glorieuse ascension de Notre-Seigneur. »

1. Les archives du Théâtre-Français gardent encadrée une pièce (une double pièce) d'un grand intérêt pour l'histoire et pour la considé-

de la Comédie, venant dans l'estime générale à la suite de La Grange. En 1692, La Grange meurt, et le mystère le reprend à sa mort. Il sort de la vie comme il y est entré, sans qu'on sache mieux dans quelles circonstances. Ce qui est certain, c'est qu'il meurt le 1er mars 1692, à l'âge de cinquante-trois ans, et, ce qui n'est guère plus douteux, c'est qu'il meurt d'une manière imprévue et soudaine.

A la fin de chaque mois, on dressait alors un tableau du nombre des représentations dans lesquelles avait joué chaque sociétaire. Quand on jette les yeux sur le relevé fait pour le mois de février et qu'on y trouve dix-huit

ration de la Société. Le livre de M. Jules Bonnassies, que nous avons cité plus haut, l'a déjà reproduite ; mais on ne saurait trop la reproduire : elle achève noblement le portrait de La Grange et nous le montre dans sa plus digne attitude d'arbitre, d'orateur, de conciliateur.

Une querelle s'était émue, le matin, à l'assemblée, entre Poisson et Raisin ; à quel propos ? pas de detail ; au fond, rivalité d'emploi, cela se devine ; dans la discussion, de malheureuses vivacités. Les choses ainsi poussées pouvaient aller loin ; on les arrêta tout de suite. Avant la fin du jour, tout était accommodé ; il ne restait plus de trace du démêlé que cet arrangement, à l'honneur de tout le monde.

D'abord une lettre des deux parties se soumettant à l'arbitrage de leurs camarades :

« Nous Remettons à la Compagnie nos intérretz et tous les Ressentimens que nous pouuons avoir Lun contre Lautre, ausujet du démeslé arriué entre nous Dans Lassemblée de ce matin, et promettons Dexécuter ce que La Compagnie trouuera àpropos pour nous accommoder et entretenir paix et amitié entre nous. Fait ce 26e jour de décembre 1690.

« Poisson. Raisin. »

Suit la délibération de l'assemblée :

« La Compagnie, après avoir Examiné toutes les Circonstances du Démêlé arrivé ce matin, dans l'assemblée, entre Mr. Raisin et Mr. Poisson, a jugé à propos de le terminer comm' il suit, c'est assauoir que ces deux messieurs seront amenez dans la grande salle d'assemblée,

représentations au compte de La Grange, on peut s'assurer que l'excellent comédien n'avait pas eu le loisir d'être malade. Le Théâtre donna le 22, le 24, le 26, *les Femmes savantes, l'Avare* et *le Dépit amoureux;* rien n'indique qu'il y ait été remplacé. Le 29 (c'était une année bissextile) le grand registre de la Comédie reproduit sa formule mensuelle : « Les pensions, arrérages et jetons sont entre les mains de M. de La Grange. » Le lendemain, La Grange avait cessé de vivre.

En quel lieu? de quelle façon? Aucun indice. Ses comptes étaient rendus. On représentait pour la troisième fois *le Négligent* de Dufresny. Il ne jouait pas dans la pièce. S'il se sentit mourir, il songea peut-être encore, l'homme exact et régulier, que le Théâtre n'aurait pas besoin de changer le spectacle.

chacun par une porte différente, où, estant en présence L'un de L'autre, Monsieur de la Grange leur prononcera ces parolles en présence de la Compagnie :

« Mrs, nous auons Examiné tout ce qui s'est dit et passé dans vostre Démêlé, jusques aux moindres circonstances. Nous avons jugé à propos de n'en point rappeller ici le Détail, persuadez que nous sommes qu'il est des plus auantageux pour l'un et l'autre d'enseuelir de pareils démeslez dans un oubly perpétuel. Vous auez Remis vos interrests entre nos mains ; nous vous disons, comm'arbitres, d'oublier pour toujours tout ce qui s'est passé, et nous vous prions, comme camarades, de vous rendre Réciproquement votre estime, vous assurant que la Compagnie gardera le souuenir de la déférence que vous avez eu pour Elle. Il ne nous reste plus, Messieurs, qu'à vous Dire, en arbitres, de vous embrasser en notre présence pour confirmer l'accommodement.

« De la Grange, Le Comte, De la Thorillière, Guérin, De Rosélis, Champmeslé, Desmares, Du Périer, Beauval. »

Les deux pièces sont écrites, ce qui ne veut pas dire rédigées, par Le Comte. Comment croire que l'orateur de la Troupe n'eût fait ici que lire un rôle mis dans sa main ? Le Comte servit de secrétaire à La Grange ainsi qu'à l'assemblée.

Un bruit courut, démenti par le *Mercure* et conservé par le démenti, que le curé de Saint-Sulpice avait refusé à La Grange la sépulture chrétienne. Faux bruit. Le curé de Saint-Sulpice n'avait aucun droit sur les funérailles de La Grange, qui demeurait à la Porte de Buci, dans le ressort de Saint-André-des-Arts, et le curé de Saint-André-des-Arts ne contesta ni la terre sainte ni les prières de l'Église à son paroissien[1] fidèle. L'ami de Molière fut enseveli dans le cimetière Saint-André, à l'heure de midi, le *Mercure* l'affirme et appelle en témoignage plus de mille personnes qui assistaient à ses funérailles. On se demande si cette brusque mort n'aurait pas paru volontaire ? Mais elle n'avait pas besoin de l'être. Comédien, La Grange, depuis vingt-huit ans, portait dans sa tête les affaires si difficiles et si compliquées de son théâtre. Père, il venait de marier sa fille, le seul enfant qui lui restât, et, après deux mois et demi de ménage, il la voyait aussi malheureuse que peut l'être une jeune femme maltraitée par son mari, avec un long avenir de douleurs devant elle. C'était trop. Le cœur et la tête pouvaient éclater; le cœur éclata. Et l'on peut en croire ici la tradition ; La Grange était assez père pour mourir des chagrins de sa fille[2].

1. M. de Trallage, vers 1695, a fait une liste des comédiens qui depuis vingt-cinq ou trente ans avaient « régulièrement et même chrétiennement vécu ». Le premier nom sur cette liste est celui de Molière, après lequel viennent les noms de La Grange et de M^lle^ de La Grange.

2. C'est l'enfant dont La Grange a inscrit la naissance sur son livre à la date du 19 février 1675, qu'il appelait Manon et que l'église avait appelée Marie-Jeanne.

« Manon Varlet — dit M. Jal — pour parler comme son père, ne fut point élevée pour le théâtre et n'épousa pas un comédien. Le dimanche 16 décembre 1691, dans l'église de Saint-André-des-Arts... elle fut unie à « François-Louis Musnier, avocat en parlement, de la paroisse Saint-Jean en Grève ». Les époux signèrent « de Trohcou

La Grange rayé de la vie, — n'abandonnons pas encore les deux amis auxquels il manquait. — Mlle Guérin ne tarda guère à quitter le théâtre. Elle n'était plus jeune, sans avoir cessé d'être agréable; mais surtout elle avait perdu le partenaire dont l'âge assortissait au sien. Insouciante par négligence et par fierté, elle n'essaya pas de défendre sa position. Ses rôles l'abandonnèrent, elle les abandonna elle-même, et il est curieux de voir comme elle se laissa nonchalamment pousser hors du répertoire.

Dans la dernière année (1693-1694), elle ne joua que soixante-deux fois : cinq en avril, trois en mai, six en juin, sept en juillet, six en août, quatre en septembre et quatorze en octobre, parce qu'elle ne fut pas du voyage de Fontainebleau; mais, à partir de là, le chiffre décroît graduellement : cinq fois en novembre, quatre en décembre et en janvier, trois en février, une seule en mars; après quoi il n'y avait plus qu'à disparaître. Elle disparut en effet. Au mois d'avril, elle fut mise à la retraite, heureuse d'aller chercher le repos et l'oubli dans sa jolie solitude de Meudon, plus heureuse si l'oubli eût bien voulu protéger sa mémoire, comme il protégea ses dernières années! Mais, quand elle mourut, la calomnie, qui se détourne ordinairement des morts, revint outrager sa tombe et se chargea d'y graver l'épitaphe. Mlle Molière eut pour biographies un pamphlet anonyme, un factum[1] plus outrageant

Musnier, Marie-Jeanne Varlet... » La tradition du Théâtre recueillie par Le Mazurier veut que ce mariage n'ait pas été heureux, et que, tout de suite, le jeune époux ait eu de mauvais procédés pour la femme de dix-sept ans que lui avait confiée La Grange. Le malheur de la pauvre Manon causa, dit-on, un si violent chagrin à son père qu'il en mourut le 1er mars 1692. Je ne sais si, en effet, sa douleur fut mortelle; mais la tradition est fidèle quant à l'époque de sa mort. »

1. Requeste d'inscription de faux en forme de factum, présentée au Châtelet, le 16 juillet 1676, par le sieur Guichard, intendant général des

encore que le pamphlet, et la postérité s'est fait une foi de cette double infamie. Aujourd'hui le culte de Molière, il faut bien le reconnaître, se compose d'un juste enthousiasme pour le génie de l'homme et d'un dénigrement excessif pour la femme qui porta son nom. Qu'ils aient souffert l'un par l'autre, voilà la vérité incontestable. Le mariage leur fit un enfer domestique; mais un mauvais ménage ne suppose pas nécessairement les fautes de la femme. L'incompatibilité d'humeur[1] suffit entre époux, et un premier malentendu devient celui de l'existence entière. On devrait se rappeler avant tout que Molière n'a jamais cessé d'aimer ni d'excuser Armande, et qu'il la demandait encore comme la consolation de ses derniers moments. Qui sait le mal que purent faire dans une telle union la calomnie de Montfleury le père, Madeleine, belle-sœur équivoque, M^lle^ de Brie, confidente suspecte ? Femme et fière, Armande ne supporta jamais la défiance et ses emportements injustes; elle se vengea du soupçon en l'irritant par la coquetterie apparente ou réelle, mais toujours dangereuse. Veuve et libre, aussitôt qu'elle ne dut compte qu'à elle-même, elle s'interdit d'être coquette. Elle prit chez elle sa sœur et son beau-frère Aubry pour témoins et pour garants de toutes ses actions. Un second mariage la rendit femme d'intérieur; un second

bastiments de Son Altesse Royale Monsieur, contre Jean-Baptiste Lully, faux accusateur, Sébastien Aubry, Marie Aubry, Jacques du Creux, Pierre Huguenet, faux témoins et autres complices. Paris, 1676; in-4°, p. 109-143. Déposition de la Molière. — Une œuvre de folie furieuse.

1. « Dorimène. — Mon Dieu, Dorante, il faut des deux parts bien des qualités pour vivre heureusement ensemble; et les deux plus raisonnables personnes du monde ont souvent peine à composer une union dont ils soient satisfaits. » — *Le Bourgeois gentilhomme*, acte III, scène XVIII.

Qui le savait mieux que Molière ?

mariage aurait-il rendu Molière moins inquiet et moins tourmenté? Il avait sa vision comme Pascal. Il en avait même deux, et marcha toujours entre deux abîmes. Sa vie comme son théâtre va du *Cocu imaginaire* au *Malade imaginaire*. Au milieu se trouvent Alceste et Célimène, dira-t-on. Mais Alceste, pour être jaloux, avait-il attendu Célimène? Il ne faut pas non plus l'oublier : cinq ans avant *le Misanthrope*, l'homme aux rubans verts s'appelait dom Garcie, et ce n'est pas Armande — Armande était une enfant alors — qui lui avait appris la jalousie.

Guérin survécut vingt-huit ans à sa femme; il en avait quatre-vingt-douze quand il mourut, quatre-vingt-un quand il joua pour la dernière fois; encore n'était-ce pas l'âge, ce fut un coup de sang qui éloigna de la scène cette robuste vieillesse. Le 29 juillet 1717, les comédiens du roi devaient jouer *Héraclius* dans la salle de l'Opéra[1],

1. Ce fut vers la fin de l'année 1716 que les comédiens français commencèrent à représenter, une fois la semaine, dans la salle de l'Opéra. Les représentations avaient lieu le mercredi. La duchesse de Berry les avait demandées sans doute, afin d'avoir la comédie sans sortir du Palais-Royal. Si l'on se rappelle que cette salle de l'Opéra était l'ancien Théâtre de Molière, on ne verra pas sans étonnement par quel étrange détour devait y être amené le second mari d'Armande, pour être frappé au même lieu que le premier.

Il ne serait pas impossible que la Comédie-Française eût elle-même sollicité l'autorisation de jouer à l'Opéra. En 1684 (?), comme elle se lassait déjà de payer aux Italiens une indemnité de 800 livres par suite de leur translation à l'Hôtel de Bourgogne, quelques-uns de la nouvelle Compagnie, les anciens de l'Hôtel surtout, poussaient à refuser le payement ou à réclamer la salle, le mardi et le vendredi, en échange, pour y donner le spectacle. C'était retourner au giron. L'intrigue se menait en dessous et pendant un Fontainebleau. De Paris, La Grange, inquiet, écrivit à M. Boileau de Puimorin, le frère de Boileau-Despréaux, ex-contrôleur général de l'argenterie, une lettre confidentielle pour lui demander si quelque démarche en ce sens avait

Guérin (Exupère) descendait costumé de sa loge, lorsque la foudre apoplectique le terrassa, mais sans le tuer. « Cet accident imprévu, dit Lemazurier, frappa tellement les comédiens, qui révéraient en lui leur doyen et l'un des camarades de Molière, qu'ils aimèrent mieux rendre l'argent que de jouer la pièce. »

été faite auprès de la cour. M. de Puimorin lui répondit par le billet suivant :

« Je ne doute pas, Monsieur, que quelques-uns d'entre vous, amoureux de l'Hôtel de Bourgongne, n'aient fait des propositions de leur chef et sans aveu; mais elles n'ont point été écoutées, et, à ce que je pense, ce sont propos vagues et sans sujets d'alarmes. Je vous donnerai aduis de tout ce que j'apprendrai là-dessus.

« Je pense que vous partirez au plustard la veille de la toussaints pour venir releuer vos confrères, et peut-être deuant. Tenez-vous alertes cependant, et soyé persuadés, Mad<sup>lle</sup> votre femme et moi (vous, a cru mettre M. de Puimorin), que personne n'est à vous de meilleur cœur que

PUIMORIN

« A Fontainebleau.

« Ce 23e Votre lettre est brûlée. »

« Propos vagues », pour le moment, à la bonne heure; mais le projet fit du chemin, et, à l'assemblée du 9 avril 1685 : « On a résolu, dit le grand registre, de présenter un placet à Mme la Dauphine pour demander à jouer, à l'Hôtel de Bourgogne, le mardi et le vendredi, qui sont les jours que MM. les Italiens ne jouent point, attendu que nous leur payons 800 livres tous les ans. »

Autant déchirer tout de suite l'ordonnance de Jonction. Si La Grange fut consulté à ce sujet, nous savons quel était son avis; ce fut aussi celui de la Dauphine : « *Nota,* — lit-on en apostille au-dessous du sommaire procès-verbal, — qu'il y a eu néant sur le placet. »

Les représentations du Palais-Royal rentraient un peu dans ce projet avorté; mais elles n'eurent pas une longue suite. La Grange ne dut pas le regretter. Quoi qu'il en soit, il s'était revu un moment sur son vrai théâtre et il n'avait pas eu à organiser de spectacles dans la rue Mauconseil. C'était encore un avantage qu'il avait remporté pour l'ancien Palais-Royal sur l'ancien Hôtel de Bourgogne.

Dans la préface de *Myrtil et Mélicerte*[1], — nous revenons à La Grange — la *Mélicerte* de Molière, soi-disant achevée et mise en vers libres par le fils de Guérin et de Mlle Molière : « Il était de mon intérêt, dit le jeune écrivain, de faire un prologue qui m'excusât dans l'esprit de mes auditeurs et qui leur fît connaître le respect et la vénération que j'ai toujours eus pour M. de Molière. J'avouerai en tremblant que le troisième acte est mon ouvrage et que je l'ai travaillé sans avoir trouvé, dans ses papiers, ni le moindre fragment ni la moindre idée. »

Le passage est remarquable à double titre. Nous trouvons ici « le respect et la vénération » de Molière gardés, quoi qu'on en pense, au foyer de sa veuve remariée. Ce n'est pas tout : les papiers de Molière existaient encore en 1699. La preuve est là. Ils étaient à la disposition de celui qui se regardait presque comme son fils, étant le frère de sa fille. Si ces papiers ont disparu par un malheur à jamais regrettable, ce n'est donc pas La Grange qui les a détruits, comme l'ont supposé, cherchant au plus près, les anecdotiers d'invention facile, et comme le répétait hier encore, d'après eux, un des plus jeunes et des plus gracieux historiens de Molière. L'édition de 1682 donnée au public, La Grange les avait remis à qui les lui avait confiés. Après avoir élevé ce monument à la gloire de son maître, il n'avait pas commis un acte de profanation, qui eût été en même temps un acte

1. *Myrtil et Mélicerte,* pastorale héroïque en trois actes, avec un Prologue et des intermèdes, fut représentée le samedi 10 janvier 1699. L'auteur remerciant les comédiens qui lui ont fait l'honneur de vouloir bien jouer dans sa pièce : « Ils s'y sont tous, écrit-il, portés avec chaleur... Ils se sont tous ressouvenus de M. de Molière, et ils n'ont rien oublié pour soutenir un ouvrage commencé par un homme qui a fait l'honneur de leur Théâtre et dont la mémoire leur est chère. »

d'improbité et de barbarie littéraire[1]. Outre sa délicatesse, qui n'est pas mise en doute, non plus que son attachement passionné pour son maître, La Grange était amateur de livres. Il s'en était fait une bibliothèque honorable, à la vente de laquelle Bordelon acheta un exemplaire de Corneille, précieux par quelques annotations manuscrites « du fameux comédien français ».

La Grange était un lettré, — désigné à ce titre comme à tout autre, pour diriger l'impression des œuvres de Molière, lorsque Mlle Molière en voulut donner une édition complète. La mort avait surpris le grand comique préparant l'édition qui parut posthume en 1674. Il y manquait naturellement *le Malade imaginaire*[2]. Il y man-

1. Bruzen de La Martinière justifie La Grange, mais en accusant sa veuve : « Molière, dit-il, avait laissé quelques fragments de pièces qu'il devait achever; il en avait aussi quelques-unes entières qui n'ont jamais paru. Mais sa femme, peu curieuse des ouvrages de son mari, les donna tous, quelque temps après sa mort, au sieur de La Grange, comédien, qui, connaissant tout le prix de ce travail, les conserva avec grand soin jusqu'à sa mort. La femme de celui-ci ne fut pas plus soigneuse de ces ouvrages que la Molière : elle vendit toute la bibliothèque de son mari, où apparemment se trouvèrent ces manuscrits qui étaient restés après la mort de Molière. » *Œuvres de M. de Molière*, Amsterdam, 1725. *Vie de l'auteur.*

Ce conte-ci ne se soutient pas plus, devant la préface de *Myrtil et Mélicerte*, que l'anecdote des papiers supprimés ou vendus, de concert entre La Grange et Barbin, par scrupule de dévotion.

2. *Le Malade imaginaire* fut imprimé séparément avec le nom de Daniel Elzévier et le millésime (antidaté) de 1674. Publication frauduleuse d'un texte inexact et surpris, n'importe comment, par morceaux. Grâce à cette publication telle quelle, les Troupes de passage prétendaient avoir le droit de représenter la pièce, lorsque les acteurs de Guénégaud obtinrent, le 7 janvier 1674, « une lettre de cachet portant défense à tous autres comédiens que ceux de la Troupe du Roi, de jouer *le Malade imaginaire jusqu'à ce que la pièce fût imprimée.* » (Livre de La Grange.)

Ce n'était pas sans doute pour la faire imprimer tout de suite que la veuve de Molière avait sollicité cette défense. Toutefois, dès l'année

quait aussi *Dom Garcie de Navarre, Don Juan, Mélicerte, l'Impromptu de Versailles, les Amants magnifiques* et *la Comtesse d'Escarbagnas.* La Grange et Vinot, — qui, Vinot ou Vivot[1]? — un ami de Molière, répond M. de Trallage, un ami de Molière qui savait son théâtre par cœur; — La Grange et Vinot se chargèrent de réunir à l'édition de 1674 les pièces encore inédites, de revoir et de corriger les autres, de suppléer les omissions, de revenir sur les changements, d'écrire enfin la Vie de Molière.

suivante, Denys Thierry et Claude Barbin ajoutaient à leurs six volumes de 1674 un septième volume contenant *l'Ombre* de Brécourt et *le Malade imaginaire.*

Comment expliquer, d'une part, cette apparition un peu prompte du *Malade* imprimé, et, d'une autre part, ce que disent dans leur Préface les éditeurs de 1682 : « Voici une nouvelle édition des *Œuvres de feu M. de Molière,* augmentée de sept comédies? »

Pour trouver ces sept comédies, il faut bien comprendre dans le nombre *le Malade imaginaire.* Le septième volume de 1675 ne comptait donc pour rien? La veuve de Molière avait-elle pu le faire supprimer? Rien ne l'indique; mais, si le public l'avait entre les mains, il est bien singulier que La Grange et Vinot, les deux éditeurs, aient annoncé leur *Malade imaginaire* comme imprimé, pour la première fois, d'après le texte original de l'auteur, — les deux versions d'ailleurs étant aussi près d'être identiques.

(Pour les premières éditions du *Malade imaginaire* et pour tout ce qui concerne l'infinie variété des éditions de Molière, voir le travail si complet, si intéressant, si précieux, de M. Paul Lacroix, la seconde édition de la *Bibliographie moliéresque.*)

1. M. Paul Lacroix fait remarquer avec raison le nom de Robert Vinot, associé à ceux de Mascarille et de Jodelet dans cette apostrophe burlesque, adressée par Crispin aux illustres de tous les âges :

> Robert Vinot, Scipion l'Africain,
> Jodelet, Mascarille, Aristote, Lucain,
> Médecins de César, assassins d'Alexandre,
> Venez voir un Phénix qu'a produit votre cendre.
> (Boursault, *le Médecin volant,* 1661.)

Robert Vinot aurait donc été un comédien du groupe de Jodelet et de Molière bouffon ?

Aux deux éditeurs reconnus faut-il ajouter un troisième collaborateur, et attribuer à Marcel, un Marcel quel qu'il soit, la Vie en question? Bruzen de La Martinière l'a fait; ou plutôt, citant quelques passages de la notice anonyme, il a écrit au-dessous Marcel, sans autre indication, et le nom de Marcel n'en a guère eu d'abord plus de crédit. Il semble en avoir davantage à cette heure, — et pourquoi? Est-ce parce qu'on réunit en un seul personnage le Marcel de Bruzen de La Martinière et le Marcel comédien, auteur du *Mariage sans mariage*[1]? Singulier titre à faire un panégyriste de Molière, que d'avoir écrit cette obscure diffamation de son foyer conjugal, avec Baron, sous le nom de Clotaire, suppléant un mari — qui n'en est pas un — dans un ménage à trois!

Non. Pour qui a étudié La Grange et lit attentivement la *Vie de Molière* placée en tête de l'édition de 1682, il y a une présomption morale qui l'emporterait sur de meilleurs témoignages. Ce récit sommaire et substantiel est de lui seul; il ne peut être que de lui. C'est sa politesse naturelle, la bonne tenue de son style, son sérieux aimable, son attitude respectueuse et tendre vis-à-vis de son maître, dans cette commune habitude qui a créé entre eux l'intimité profonde, sans faire naître la familiarité.

De toutes les histoires de Molière, aucune n'est aussi courte ni aussi complète que celle-ci. La première fois qu'on l'ouvre on serait tenté de croire qu'elle a laissé beaucoup à dire; quand on revient à elle, on s'aperçoit qu'elle

1. Comédie en cinq actes et en vers de M. Marcel, représentée sur le théâtre du Marais en 1671, imprimée en 1672 à Paris.

Bruzen de La Martinière attribue aussi à son Marcel trois des épitaphes de Molière qu'il a recueillies dans son 4e vol, p. 549-551. On ne voit pas non plus sur quel fondement.

a tout dit. Personne, assurément, n'a pu mieux connaître Molière que La Grange, personne aussi ne le fait connaître mieux. C'est par lui que nous avons, en analyse au moins, le seul compliment qui soit resté de Molière orateur, le compliment de la fameuse représentation donnée au Louvre en 1658, et par là sa *Vie de Molière* ajoute une première page à son Journal.

Le Journal de La Grange, sa *Vie de Molière*, son édition de Molière, se complètent et nous donnent Molière tout entier, l'homme, — le génie de l'homme, — le travail du comédien à la tête de ses camarades.

Mais, pas plus dans le Journal que dans la *Vie de Molière*, il ne faut chercher ce qui amuserait une curiosité indiscrète. A la manière dont La Grange, parlant des comédies du grand observateur, constate « qu'il s'y est joué lui-même, en plusieurs endroits, sur des affaires de sa famille et qui regardaient ce qui se passait dans son domestique, ce que ses plus particuliers amis ont remarqué bien des fois », on ne voit pas bien s'il blâme ou s'il approuve cette confidence publique; mais, à coup sûr, il ne se serait pas permis à lui-même une aussi ouverte confiance. La suite des représentations avec le programme et la recette, les visites à la ville, les voyages a la Cour, çà et là des notes succinctes, des renseignements utiles, parfois, en dehors de ces *memento* du service administratif, une joie, un deuil domestique indiqués à leur date, La Grange n'a garde de noter autre chose; mais c'est beaucoup! La réserve est le signe propre de son esprit. Si son Registre y perd du côté de l'amusement, il regagne plus qu'il ne perd du côté de la certitude et du légitime crédit.

Le voici ce Registre, que le Théâtre-Français a longtemps gardé avec un soin jaloux, comme la plus précieuse et la plus vénérée de ses reliques. Mais enfin cette relique est une des preuves du passé. Ce qui appartient à la Comédie comme l'héritage de ses temps héroïques, comme l'objet de sa piété filiale, appartient aussi à l'étude, cette maîtresse du monde moderne, à ce travail universel de la race humaine qui constitue sa perpétuité en réunissant tous les souvenirs. C'est ainsi que la Comédie-Française contribue des siens à l'œuvre commune; c'est pour cela qu'elle a entrepris elle-même la publication du Livre ou du Registre de La Grange.

Livre ou Registre. — La Grange lui-même a écrit Livre, — au moment d'exécuter son dessein, elle s'est précisément posé cette question : Sera-ce un livre? sera-ce un registre?

Un registre, répondait le manuscrit original, et véritablement c'est un registre des plus modestes, recouvert d'un parchemin souple, avec une aile qui fait le portefeuille en se rabattant par-dessus la tranche. Autrefois le portefeuille se fermait avec un petit cordon de peau qu'on serrait autour du volume. Un véritable calepin, — n'était la dignité du format in-4°, — à recevoir des comptes de ménage.

Fallait-il lui ôter ce caractère ingénu? Non sans doute, — si toutefois la chose était possible. Fallait-il en tirer des copies qui fussent des fac-simile? Non encore; l'imitation jusqu'au trompe-l'œil n'était ici qu'un enfantillage. Fallait-il livrer tout simplement le manuscrit à l'impression? Mais la typographie a des formes consacrées et ne saurait s'empêcher de faire un livre qui se modèle sur ses nobles traditions. Égale difficulté des deux parts. Enfin pourtant la typographie elle-même, dans un de ses maîtres les plus autorisés, a trouvé le compromis où pouvaient s'accorder le mieux les étroites conditions de son art et la naïve personnalité du journal qu'elle avait à reproduire. Elle en a pris le format, avec le même nombre de lignes, l'orthographe oublieuse et diverse, indépendante du dictionnaire à son insu. Introduisant toutefois quelque habitude dans ce caprice, des accents çà et là, un peu de ponctuation et, par suite, des lettres initiales, elle a composé ce volume qu'elle ne désavouera pas, dont elle peut se glorifier au contraire, et qui, pour être un des beaux spécimens de la librairie au XIX^e siècle, n'en est pas moins resté ce que devait être la publication du Journal de La Grange, un témoignage réel pour l'histoire des origines de la Comédie-Française.

Témoignage et témoin à la fois, ce Journal a vu les compagnons de Molière et Molière lui-même, le premier entre des égaux, par l'autorité du génie. Lui aussi, il a été de son Théâtre. Il a fait partie du Petit-Bourbon et du Palais-Royal. Il y a pris la physionomie des choses qui l'ont entouré et il la garde. Comme il leur a ressemblé, on les recompose à sa ressemblance. Il a l'aspect ainsi que la langue usuelle et l'écriture des jours qu'il a traversés. Il a été une part de tout ce travail qu'il atteste, de ces représentations qui ont eu tant d'éclat, de ces spectacles de remplissage et d'expédient qu'on aura dû subir; il leur survit, comme un catalogue de livres ou d'objets d'art survit à une admirable collection qu'il remplace et la rend toujours présente à la pensée.

Un catalogue, un répertoire, voilà le Livre de La Grange. Et quel répertoire que celui de Molière, directeur de théâtre! De 1659 à 1673, sa vie est là. Cette terrible entreprise d'amuser les honnêtes gens, c'est ainsi qu'il l'a conduite, c'est ainsi qu'il a dû la soutenir seul, seul dans ses difficiles débuts, seul encore dans sa plus grande fortune, toujours un peu au ban des auteurs en vogue, soit que, d'abord, l'Hôtel de Bourgogne leur interdise de travailler pour Mascarille, soit que, plus tard, ils s'interdisent eux-mêmes de faire les lendemains de ses succès.

Nous n'avons pas la prétention d'indiquer aux excellents esprits dont Molière est l'étude et le soin curieux tout ce que leur réserve à commenter le Registre de La Grange. Ils y découvriront bien au delà de ce que nous aurions pu entrevoir. Le champ est ouvert à leurs recherches. Ce qu'on nous demanderait plutôt, ce qu'on serait en droit de nous demander, c'est l'histoire du Livre de La Grange depuis la mort de son maître. Mais quoi! il était encore dans la destinée de l'excellent comédien que son Livre, ainsi que lui-même, fût à peu près sans histoire. S'il est resté ou s'il est revenu à la Comédie-Française, comment il s'y est trouvé ou retrouvé, autant de points obscurs. On sait mieux les services qu'il a rendus de nos jours, et en remontant vers le commencement du siècle, aux commentateurs et aux biographes de Molière. Critique délicat et difficile sur le choix des preuves, M. Eugène Despois s'y est renseigné pour cette grande édition des œuvres de Molière dont il a déjà publié les deux premiers volumes, et après laquelle tout aura été dit. M. Jal s'en est servi pour arriver, sur la Troupe de Molière, à cette certitude d'informations qui met hors de pair son *Dictionnaire critique*. Érudits et chercheurs de la même famille, M. Louis Moland s'est réjoui de lui emprunter; M. Victor Fournel a eu la même joie; M. Jules Claretie, avec le charme et le don sympathique de sa plume, a exprimé le bonheur de l'avoir tenu entre ses mains; M. Léon Guillard en a fait parler les chiffres, dont il sait si bien la langue, et qui lui ont révélé l'habileté administrative du grand comédien; M. Jules Bonnassies en a tiré des lumières, et attend cette publication pour faire le jour sur le mécanisme intérieur de l'ancien théâtre; M. Taschereau, l'historien authentique, l'historiographe du prince de la comédie, s'est pénétré de La Grange pour le faire passer dans son bel ouvrage sur Molière et dans cette chronique de sa Troupe qu'il laisse malheureusement inachevée. En même temps que M. Taschereau et avec lui, si ce n'est avant lui, M. Régnier avait donné au public des détails pleins d'intérêt sur le Journal de La Grange, sur les signes hiéroglyphiques à l'aide desquels l'homme secret figure et voile sa pensée. Avant les deux promoteurs de l'heureuse agitation d'où est sortie la statue de Molière, en 1825, Auger, de l'Académie française, l'aîné des savants commentateurs de Molière, s'était servi des chiffres de La Grange pour rétablir la vérité sur le succès du *Misanthrope*, malignement traduit en chute[1] d'après Grimarest par Voltaire. Au delà de 1825, le Livre de La Grange ne semble pas avoir été cité.

En 1810, Lemazurier publie la *Galerie historique des acteurs du Théâtre-Français*, et ne le mentionne pas dans son article sur La Grange[2]. Il ne figure pas davan-

1. Après avoir pertinemment discuté la « petite fable » bâtie sur le *Misanthrope* à sa naissance; « Je suis sûr, dit Auger, d'avoir prouvé qu'elle n'a aucun fondement : je suis également sûr qu'on ne discontinuera pas d'y croire et de la répéter. »

C'est pour cela qu'il n'est peut-être pas encore inutile de mettre en garde le lecteur contre une prévention que pourrait entretenir le Registre même de La Grange.

La cinquième représentation du *Misanthrope* devait avoir lieu le dimanche 13 juin. Ce jour-là, le théâtre fut fermé : Interruption, écrit La Grange. Le mot aurait quelque chose de fâcheux aujourd'hui. Il sentirait l'imprévu et le mécompte. Il ne voulait dire alors que Relache. Le Palais-Royal fit relâche le 13 juin, comme tous les autres théâtres, à l'occasion de la Pentecôte. La Grange a omis de l'expliquer.

2. Lemazurier le connaissait cependant, puisqu'il y a puisé les élé-

tage sur l'*Inventaire de tous les registres de la Comédie, arrêté et mis en ordre le 27 août 1759* (travail de Lekain), et qui porte les trois registres d'Hubert et de la Thorillière. Les frères Parfaict eux-mêmes ne l'ont pas connu. Le « Registre de Molière », auquel ils se réfèrent pour fixer la date de trois premières représentations : celles du *Mariage forcé*, de *la Princesse d'Élide* et de *Psyché*, ne peut pas être le Livre de La Grange, puisque celui-ci est un document complet et qu'ils n'ont eu de documents certains que pour deux années. Qu'est-ce donc que ces admirables frères Parfaict appellent le Registre de Molière? Les registres d'Hubert et de la Thorillière évidemment[1] ; mais pourquoi le Jour-

ments d'une histoire de la Troupe de Molière restée en manuscrit. Cette histoire, qui eût été la suite naturelle de sa *Galerie historique*, a été donnée par son frère à la Comédie-Française.

1. En voici la preuve : « Nous ne pouvons assurer, disent au sujet de *Psyché* les historiens du Théâtre-Français, que l'on s'est trompé en mettant la première représentation de *Psyché* au 24 juillet 1671 (La Grange leur aurait montré qu'on avait eu raison) ; mais nous trouvons sur le Registre de Molière de l'année 1672 la première représentation (c'était la reprise) de cette pièce le 11 novembre de cette même année. » Il y a trois registres qu'on nomme Registres de la Thorillière et d'Hubert. Les deux premiers vont du 6 avril 1663 au 6 avril 1665, le troisième du 29 avril 1672 au 21 mars 1673. Les frères Parfaict ont étudié le second et le troisième. Le premier leur a échappé, sans quoi ils l'eussent cité pour *la Critique de l'École des Femmes* et pour *l'Impromptu de Versailles*. La lacune de 1665 à 1672 existant déjà, ils ne pouvaient pas avoir la date de la première représentation de *Psyché*.

Mais autre chose, sans qu'il y soit appelé de son nom et tout défiguré qu'il y est, on peut reconnaître le Registre de La Grange indiqué, en 1790, dans les *Observations pour les Comédiens français sur la pétition adressée par les auteurs dramatiques à l'Assemblée nationale*.

« Les Comédiens français, » dit le Théâtre, obligé de défendre son droit qu'on lui dénie, « les Comédiens français ont véritablement acquis les pièces qui forment leur répertoire.

nal de La Grange n'a-t-il pas toujours été réuni à ces trois grands-livres de l'ancienne troupe de Molière, que la Comédie-Française possède encore aujourd'hui comme en 1759? Probablement parce que ceux-ci étaient les grands-livres de la Troupe, et que notre Registre était le *memento* particulier de son premier possesseur.

« La preuve en est dans leurs propres registres.

« Nous n'en citerons que quelques exemples pris au hasard.

« On voit dans ces registres, à la date de l'année 1660 :

« *Donné à Molière, pour les Précieuses ridicules, en plusieurs à compte,* mille livres.

« *Donné à Molière, pour le Cocu imaginaire, en trois payements,* quinze cents livres; et au dernier payement, on lit ces mots : *achevé le 7 septembre de payer Molière pour le Cocu imaginaire...*

« . . . A la date de 1662, on lit : « La Troupe a donné à M. Boyer *pour la tragédie de Bonaxare* (*Tonnaxare*), *cent demi-louis* dans une bourse brodée d'or et d'argent. »

« A la date de 1665 (1667) on lit : *Attila de Pierre Corneille, pour laquelle* (*tragédie*) *on lui a donné 2,000 livres,* PRIX FAIT. »

Suivent deux autres exemples : *la Bérénice,* également payée deux mille livres (prix fait), à l'auteur de *Cinna,* et *le Festin de Pierre,* versifié, quinze cents livres, moitié à Thomas Corneille, moitié à la veuve de Molière; après quoi la brochure continue :

« On voit dans ces registres quelque chose d'encore plus fort; on voit que les Comédiens français commandaient des pièces aux auteurs et les payaient à l'avance.

« On lit à la date de 1663 : *payé à M. La Calpenède (La Calprenède)* pour une pièce QU'IL DOIT FAIRE, 800 livres. »

Au fond, et sauf les incorrections typographiques, tout cela est exact; mais la forme n'a pas la même exactitude, autrement la question serait bientôt résolue. Il suffirait de rapprocher les deux textes pour savoir si les citations ont été empruntées au Registre de La Grange; par malheur, et on le voit tout de suite, ce ne sont pas des citations, mais des traductions aussi infidèles que le comporte le genre. Jamais, au XVIIe siècle, les Comédiens ne se sont traités entre eux qu'avec la plus grande civilité. Molière appelant ses comédiens sur la scène pour la répétition de *l'Impromptu de Versailles,* ne dit pas à l'un : Brécourt! à l'autre : La Grange! ou Du Croisy! Il les nomme de tout leur nom : monsieur de Brécourt, monsieur Du Croisy, monsieur de La Grange; et jamais La Grange n'a manqué à écrire monsieur de Mo-

Maintenant, faut-il aborder un point délicat, la légende du Registre de La Grange? Le Registre de La Grange a-t-il été écrit jour par jour, ainsi qu'on l'a cru d'abord, ou à distance des faits, ainsi qu'on semble le reconnaître? Ici, comme ailleurs, la légende aurait précédé l'histoire; mais ici, comme ailleurs, la légende ne laisserait-elle pas de regrets? Pour la Comédie-Française surtout, rien pourrait-il lui rendre cette chère idée du Compagnon de Molière, côte à côte avec lui, tenant, spectacle à spectacle, recette à recette, le simple livre de comptes dont le temps a fait les annales primitives du Théâtre?

Mais la critique est venue, avouons-le; elle est venue

lière, pas plus que monsieur de Corneille. Jamais il n'a écrit madame Guérin, mais mademoiselle Guérin, et encore moins *ci-devant* veuve de Molière, comme on lit dans le même passage.

Pour la pièce commandée à la Calprenède (commandée, est-ce bien le mot?), le point important dans la défense de la comédie, c'est l'avance sur une pièce à faire, en dehors de toute autre circonstance; aussi la brochure supprime-t-elle un détail que La Grange n'avait eu garde d'omettre : les huit cents livres avaient été prêtées de premier mouvement par Molière.

« Lundi 12 mars (1663)... Payé à Mons. de La Calprenède pour une pièce qu'il doit faire, la somme de 800 ᵗᵗ que M. de Molière avait avancée. »

Avance perdue, par parenthèse; mais il ne faudrait pas le reprocher au pauvre poëte gascon. Cinq mois plus tard, il était mort. Son cheval l'avait tué d'un coup de tête, comme il revenait des Andelys, peut-être pour s'acquitter à échéance, et sans en être autrement requis.

Il y a donc peu de certitude à tirer, pour ou contre, du rapprochement des deux textes; mais si ce n'est pas le Livre de La Grange qui a fourni ces renseignements certains sur les années 1660, 1662-63, 1665, où pouvait-on les trouver ailleurs? Faudra-t-il supposer une suite de registres — registres au pluriel, dit la brochure — inconnue à Lekain en 1759, au chevalier de Mouhy en 1780, consultée tout d'un coup en 1790, tout d'un coup aussi disparue? Mieux vaut en rester au Livre de La Grange, dont nous tenons certainement la trace, et regarder encore le terme employé par la brochure comme une interprétation peu précise, si ce n'est une locution d'habitude.

avec respect, elle s'est approchée du Journal quotidien, et elle a été surprise de trouver, çà et là, la vérité même à côté de l'étroite exactitude, et le présent trop tôt instruit des choses du lendemain.

La Grange n'avait donc pas accoutumé de mettre ponctuellement son livre en règle, et, lorsqu'il avait laissé quelque lacune en arrière, il la remplissait de souvenir?

M. Jal en fit la remarque, principalement pour les temps de Molière. S'il en eût étudié la suite avec le même intérêt, il eût vu plus nettement encore, à partir de Pâques 1673, La Grange ajuster son mémorial sur les registres de la Comédie auxquels ils se réfère d'année en année : 1er registre, 2e registre, 3e registre, etc., en sorte qu'il peut écrire sur la couverture en parchemin : « Extrait des affaires et recettes de la Comédie, » comme si son Livre était en effet un sommaire des grands registres (avec ses commentaires particuliers) préparé pour occuper plus tard les loisirs de sa retraite.

Qu'est-ce à dire cependant? Et quand il en serait ainsi, n'y aurait-il pas deux parts à faire dans ces archives de vingt-six ou de vingt-sept ans, réunies en abrégé par La Grange, la période de 1659 à 1673, sous Molière, celle de 1673 à 1685, après Molière, recueillies par le même homme, mais dont la situation change et modifie le caractère de son mémorial?

Enfin, lorsque ce caractère est si difficile à définir, lorsque la dernière analyse n'a pas encore donné la dernière conclusion, ce n'est pas à nous de porter la main sur une légende qui tient à la religion de Molière. C'est à nous de nous y rattacher par toutes les justes raisons qui nous invitent à y croire. Lorsque La Grange écrit : « Il est dû une visite de M. le chevalier de Grammont...

(12 mars 1660) », croyons que la dette est actuelle. Lorsqu'il écrit (26 février 1664) : « Ce jour d'hui, M. de La Thorillière a compté avec la Troupe... », tenons ce jour d'hui pour le jour présent. Lorsque La Grange traduit en signes figuratifs sa pensée qui se dissimule, songeons que la pensée ne se déguise plus sur ce qui est dans le lointain. Admettons, avec M. Jal, que La Grange a perfois écrit de mémoire, puisque sa mémoire le trompe; mais examinons encore après M. Jal deux des exemples sur lesquels il appuie son dire et qui laissent peut-être lieu d'hésiter.

Ainsi, une des gloses les plus curieuses de La Grange est une note datée des vacances de Pâques 1661. Il y mentionne la demande, faite par Molière à ses camarades, de deux parts, soit pour lui, soit pour lui et pour sa femme, s'il venait à se marier, — et, aussitôt après la demande, il constate le mariage accompli, ce triste mariage qui eut lieu l'année suivante.

« La rédaction de ce passage du registre, dit M. Jal, prouve que La Grange n'écrivait pas jour à jour ce mémorial. »

De même, au sujet de la note sur l'affreux malheur du 17 février, note brève, douloureuse, écrite immédiatement au-dessous de la même date, et que La Grange termine ainsi : « Son corps (le corps de Molière) a été inhumé à Saint-Joseph, aide de la paroisse Saint-Eustache. Il y a une tombe élevée d'un pied hors de terre. »

« Le dernier détail de cet article... (insiste M. Jal) prouve une fois de plus que le comédien écrivit son *Mémorial* assez longtemps après la mort de son ami. »

« Assez longtemps? » Molière mort, le Palais-Royal interrompit ses représentations du 17 au 24 février. La note que La Grange mit sous le 17 remplit donc une lacune de six jours. En fallait-il donc beaucoup plus pour couvrir la fosse d'une pierre plate? cette même pierre sur laquelle la veuve de Molière fit brûler cent voies de bois pendant l'hiver de 1675 ou de 1676 pour que les pauvres vinssent s'y chauffer.

« On refuse la sépulture, avait-elle dit, à celui qui, dans la Grèce, eût mérité des autels ! » Sans y penser, elle faisait un autel de sa tombe.

Quant à ce qui regarde la demande d'une seconde part de bénéfice, et à la conclusion par *post-scriptum :* « M. de Molière épousa Armande-Claire-Élisabeth-Grésinde Béjard, le mardi gras de 1662[1]. » le *post-scriptum* n'est, visiblement, ni de la même plume, ni de la même encre que les premières lignes. On ne peut pas s'y tromper, il a été ajouté plus tard. Et le jour où La Grange l'ajouta, le mariage ayant eu lieu, comme il revenait à sa note, il la trouva ainsi conçue : « Avant que de recommencer après Pâques, au Palais-Royal, Monsieur de Molière demanda deux parts, au lieu d'une qu'il avait. La Troupe lui accorda. Ainsi la Troupe, ayant continué sur le pied de douze parts depuis 1660, 9e avril, fut augmentée d'une part en 1661. »

La note était incomplète. Sur le moment, La Grange avait oublié d'écrire une parenthèse qui ne lui avait paru

1. Ailleurs, à la date du 14 février 1662, La Grange dit : « Mardi 14, *les Visionnaires* et *l'École des Maris*. Visite chez M. Dequevilly (*l'École des Maris* encore). — Mariage de M. de Molière (en marge) au sortir de la visite. » Le mariage de Molière avait eu lieu le 22 janvier, à Saint-Germain-l'Auxerrois. M. Jal propose d'entendre que Molière en fit la fête le 14 février avec ses camarades; à la bonne heure, mais il y a toujours là un peu de confusion. Le Mardi gras de 1662 tomba le 21 février et non pas le 14. Remarquons que les deux passages sur le mariage de Molière sont des gloses additionnelles. D'où l'erreur de mémoire.

qu'une bout... de Molière, mais l'événement la lui remettait en mémoire, et au-dessus des mots « la Troupe lui accorda », rétablissant le texte, il ajouta dans l'interligne : « Pour lui ou pour sa femme, s'il se mariait. » La correction est précieuse. Un an avant son mariage, Molière l'aurait ainsi annoncé à ses camarades, qui ne s'en seraient pas aperçus.

Ces additions, ces intercalations de La Grange, — elles n'ont pas toutes le même intérêt, — couraient risque de disparaître à l'impression. M. Claye, que nous remercions encore de tout ce qu'il a fait pour cette publication, leur a épargné d'être confondues dans un texte uniforme. Aussi souvent qu'elles se sont laissé reconnaître sur le manuscrit, il a voulu qu'elles fussent distinguées par un caractère spécial, dont la troisième page de ce volume, la première en réalité, donne un double spécimen, dans deux curieuses apostilles, l'une constatant, sans autre réflexion, que la pension accordée d'origine par Monsieur, frère du Roi, à ses comédiens, ne leur avait jamais été payée; l'autre indiquant que La Grange avait d'abord laissé en blanc le programme du 24 octobre 1658, et qu'il a suppléé les titres plus tard, sur meilleur informé : *Nicomède* et *le Docteur amoureux*.

C'est avec le même goût, le même soin de tout ce qui touche à Molière, le même souci de conserver à notre Registre autant qu'il pouvait retenir de sa physionomie originale, que l'éminent imprimeur de tant de belles publications classiques, se faisant par occasion typographe réaliste, a reproduit les signes figuratifs et coloriés dont La Grange s'est composé un dictionnaire hiéroglyphique.

Ces signes, nous en avons déjà parlé; ils sont au nombre de douze : le losange, le losange avec un support, la croix, l'anneau écartelé, l'anneau mi-parti, l'anneau avec une croix au centre, les deux anneaux concentriques, les perles (ou les zéros) traversées de quatre points rayonnants, le carré long et les zéros barrés d'un trait horizontal.

Généralement le losange marque le deuil ou les événements malheureux : ainsi la mort de Joseph Béjard, le Petit-Bourbon jeté bas par M. de Ratabon, La Grange malade (en 1661) et le reste. La croix semble bénir les naissances mises sous sa protection, ainsi la naissance d'une fille de Mlle de Brie (1659) et les autres. L'anneau, teinté de bleu surtout, veut dire joie. Jodelet meurt et Du Parc rentre à sa place avec Mlle Du Parc ; losange pour le pauvre Jodelet, anneau pour Gros-René et pour sa femme ; anneau pour le début de la Troupe sur le théâtre du Palais-Royal ; anneau — mais qui peut tout prévoir ? — pour le mariage de Molière.

Mi-parti noir et bleu, comme à la date du 5 août 1667, la date de la première représentation de *l'Imposteur*, l'anneau est l'image d'une victoire incertaine, lutte obstinée de l'applaudissement et des fureurs de la cabale, du génie lumineux et de la tempête d'où partira la foudre de l'interdiction.

Quant aux trois perles radiées qui s'alignent ici sous l'anneau bleu et noir et qui se retrouvent le 5 février 1669, à la date définitive de *Tartuffe*, si elles ne représentent pas les chandelles allumées, que représentent-elles ? Il n'est pas aisé de le dire. Aussi bien, même pour La Grange, ses figures n'ont pas un sens si nettement déterminé qu'il ne les mêle à la longue. La teinte, qui pourrait encore nous aider à le comprendre, change à son tour ; et il finit par négliger de la mettre. Quand vient le temps des longs procès de la Comédie, quel que soit le succès des luttes judiciaires, La Grange en marque invariablement les phases par un losange. Serait-ce parce que de tout procès la meilleure issue est encore ruineuse? Et, d'ordinaire, vers la fin, le losange couleur de brique devient le blason des affaires d'argent, soit bonnes, soit mauvaises. L'anneau, tantôt bleu, tantôt noir, tantôt sans nuance, pourrait être l'emblème des bonheurs mêlés. Anneau noir, *néant* au-dessous, lorsque La Grange et Dauvilliers demandent au Roi pour la musique et la danse une autorisation qui leur est refusée, — gracieusement, à ce qu'il semble. Anneau pour les trois décès de de Villiers, de M^lle^ de Beauchateau [1] et de Brécourt. A cause des pensions éteintes? Il faut se garder de le croire. Anneau pour la sœur de La Grange, morte en août 1685, religieuse aux Filles Sainte-Marie de la Visitation. L'âme de Marie-Justine [2] recevait la récompense de son sacrifice.

Mais, encore une fois, on n'entreprend pas ici de résoudre ces divers problèmes. Tout nous manquerait pour un pareil dessein, l'espace et plus encore la compétence. Aux érudits ingénieux, à la brillante pléiade du feuilleton, aux élégants et solides conférenciers, aux délicats et aux opiniâtres chercheurs, aux savants bibliographes, aux généreux et passionnés bibliophiles, dont le lecteur suppléera ici les noms, à tous les Moliéristes enfin, puisque M. Paul Lacroix a créé le mot, d'en donner la

1. De Villiers et M^lle^ de Beauchateau, cruellement parodiés dans *l'Impromptu de Versailles*, de Villiers qui répondit en fureur à *l'Impromptu* par *la Vengeance des Marquis*. Il est piquant de voir La Grange servant les pensions de l'ancien Hôtel de Bourgogne à ces deux victimes irritées de Molière.

2. Appelée Justine-Françoise sur son acte de baptême, la sœur de La Grange avait échangé au couvent le nom de Françoise contre celui de Marie.

solution, comme ils ont déjà mis la lumière sur tant de points dégagés de l'ombre.

Questions posées à chaque ligne, renseignements précieux, inattendus, dates fixées, ouvrages retrouvés, attributions rétablies, tout le personnel, tout le mouvement, toutes les fonctions, tout le fonctionnement de l'ancien théâtre reconstitués, la publication du Journal de La Grange offre à leur curiosité une matière qui ne s'épuisera pas de sitôt. Pour nous, cette publication a un intérêt à part et qui pourrait nous suffire. C'est par le Journal de La Grange que le Théâtre-Français remonte directement à Molière. C'est là que sont ses titres de noblesse, les preuves de sa descendance en ligne non interrompue. Le chiffre de 1680, que la Société porte encore aujourd'hui sur son cachet, n'est qu'une des dates importantes de son histoire et n'est pas celle de son origine. C'est au 3 novembre, c'est surtout au 24 octobre 1658, c'est à l'installation de Molière dans la salle du Petit-Bourbon, et encore mieux à son début devant le Roi, que commence le Théâtre-Français, héritier du plus illustre des ancêtres. On nous pardonnera un orgueil qu'il ne nous serait même pas permis de ne pas avoir. Nous nous excuserions plutôt d'avoir attendu jusqu'ici à produire nos titres de famille. Aujourd'hui qu'ils sont rendus publics, la Comédie, sans en avoir cherché l'occasion, rentre naturellement dans son droit d'aînesse; et, après avoir assuré la victoire définitive du Palais-Royal sur l'Hôtel de Bourgogne, La Grange lui aura encore préparé sa revanche contre l'usurpation de Lulli.

Ceci est le Livre d'or de la Comédie-Française, tenu par son véritable greffier d'honneur, par un des ancêtres de la Compagnie qui ont le plus fait pour la gloire de son nom et pour sa considération, cette belle moitié de sa gloire, — par l'acteur accompli qui a créé la tradition toujours vivante d'Horace et de Clitandre, — personnellement digne d'une telle estime que, dans le grand débat du xvii$^{e}$ et du xviii$^{e}$ siècle pour ou contre les spectacles, les défenseurs du théâtre répondaient à ses austères censeurs : « Si vous condamnez la comédie, condamnerez-vous un homme comme M. de La Grange? » — et les accoutumaient à hésiter.

# DOSSIER
# DE LA GRANGE

(Archives de la Comédie-Française.)

---

## I.

### Février 1681.

Aux trois lettres et à la note de M. Duché que nous avons données plus haut, se trouve jointe cette seconde note écrite de la même main :

*L'Undy* 10. Comédie Italienne sur le Théâtre.

*Mardy* 11. Balet.

*Mecredy* 12. Bal, ché M^de^ la dauphine.

*Jeudy* 13. Balet.

*Vendredy* 14. Comédie sur le Théâtre.

*Sabmedy* 15. Balet.

*Dinmanche* 16. Bal ché M^de^ la dauphine.

*LUndy* 17. Ballet.

*Mardy gras* 18. Bal en masque dans la grande salle.

C'est le programme des divertissements de Saint-Germain, arrêté pour les neuf derniers jours du carnaval.

La *Gazette* se tait sur ces fêtes de la Cour ; mais le *Mercure*, qui les décrit en détail, explique indirectement le silence du journal officiel :

« La plupart des Comédies que l'on a jouées à Saint-Germain ont été représentées dans l'antichambre de M^me^ la Dauphine. Le Roi, entièrement occupé des soins de l'État, auxquels ce Prince se donne avec une application inconcevable, ne s'est trouvé à aucune. Sa Majesté a vu seulement la représentation de *la Devineresse*, qui s'est jouée sur le théâtre du Ballet. » — De Visé, directeur du *Mercure galant*, ne pouvait pas oublier sa *Devineresse*.

Plus loin, à l'occasion du mardi gras et du « bal en masque » traditionnel : « Le Roi, qui ne prend ces sortes de divertissements que pour les donner à la Cour, ne mit ce soir-là qu'une robe de chambre très-riche et un chapeau avec un bouquet de plumes. »

Singulier costume ; mais enfin c'était une manière de rester en dehors des plaisirs mondains ou de les concilier avec la grande affaire du moment, la destruction de l'hérésie.

Le Ballet du lundi, 17, n'en fut pas moins très-brillant ; on y remarqua surtout l'entrée du Dauphin :

« M^gr^ le Dauphin, dit toujours le *Mercure*, était chef d'une troupe d'Indiens ou Sauvages. Des plumes de quatre couleurs composaient tout l'habillement. Celles qui étaient sur le corps, les bras et les chausses étaient de petites plumes d'oiseau attachées par des nuances de différentes couleurs. Le tour du col, celui des épaules, le tour des bras, la ceinture et les jarretières étaient de plumes d'autruche assez grandes, sur le pied desquelles on voyait une chaîne de rubis et de diamants. Le tonnelet et les lambrequins étaient aussi de plumes de différentes couleurs, avec une nervure de plumes noires dans le milieu de ces lambrequins. On avait enchâssé sur cette nervure des rubis et des diamants dans des roses de broderies d'or. Le même dessin paraissait observé dans la coiffure. Les bas et les souliers étaient de couleur de feu, brodés d'argent, et le masque de la même couleur. »

Quant au spectacle qui se donna le vendredi, 14, sur le théâtre (non pas dans l'antichambre de la Dauphine), il se composait de *Zaïde*[1], une des dernières nouveautés du Théâtre, et du *Baron de la Crasse*[2]. Voir La Grange; car le *Mercure* ne dit rien de la représentation, n'y ayant point d'intérêt personnel. Pourquoi la Dauphine n'avait-elle pas demandé la *Comète*[3]?

1. *Zaïde*, tragédie en cinq actes en vers de La Chapelle. 26 janvier 1681.

2. *Le Baron de la Crasse* de Raymond Poisson, un acte en vers joué à l'hôtel de Bourgogne (1662), un peu avant que le Palais-Royal donnât *l'École des Femmes.* Sans être bonne, la pièce est très-curieuse et vaut beaucoup mieux que son titre. M. Samson, l'éminent comédien, a mis dans sa *Famille Poisson* quelques vers censés pris au *Baron de la Crasse;* mais ce sont des vers de fantaisie, gaiement improvisés pour le besoin de la fable, et qui n'appartiennent aucunement au célèbre fondateur de la dynastie des Crispins.

3. La *Comète,* jouée le 29 janvier, n'était qu'à sa sixième représentation. Il est vrai qu'elle s'en tint là. On attribue également la pièce à Fontenelle et à de Visé. La Grange seul l'attribue, qui le croirait? au « fils de M. de l'Isle ». Thomas Corneille (M. de l'Isle) avait effectivement un fils, mais peu connu et peu suspect de comédie. Si La Grange n'a pas écrit par distraction « le fils » pour le neveu, peut-être Fontenelle s'était-il dissimulé derrière le nom de son cousin. Moins de deux mois après les sifflets d'*Aspar*, c'était de la prudence.

Quant au « fils de M. de l'Isle », d'après une tradition de famille que nous communique gracieusement M. Corneille (de la Bibliothèque

*La Devineresse* avait été représentée le 6 sur le théâtre du Ballet, non pas précisément à cause de l'importance de l'ouvrage, mais à cause de la fantasmagorie et des transformations qui demandaient un théâtre à machines.

de l'Université), il avait un emploi dans les gabelles et mourut à Ypres, du temps où Ypres était ville française, en vertu du traité de Nimègue.

## II.

### 19 Juillet 1681.

DÉLIBÉRATION DE L'ASSEMBLÉE DES COMÉDIENS DANS L'AFFAIRE SOURDÉAC ET CHAMPERON.

C'était beaucoup pour La Grange et ses camarades d'avoir pu exclure de la Compagnie deux associés toujours dans les cabales et cherchant à mettre la main sur l'entreprise. La lutte avait été vive, du 3 avril 1677 au 29 juillet de la même année :

Lettres de rescision du 3 avril, signifiées pour le Théâtre aux sieurs de Sourdéac et de Champeron,

Défaut contre eux, faute de comparoir, du 24.

Sentence du 13 mai, qui les exclut de la Troupe et ordonne que celle-ci comptera avec eux par-devant M. Millet, conseiller au Châtelet.

25, appel des sieurs de Sourdéac et de Champeron contre la sentence du 13 mai.

29, reddition de comptes en exécution de la même sentence.

10 juin, acte d'opposition de la Troupe à l'appel du 25 mai.

Vendredi 11, itérative opposition.

3 juillet, arrêt de la Cour qui renvoie les parties au parquet des gens du roi.

29, arrêt définitif du Parlement : exclusion des sieurs

de Sourdéac et de Champeron, avec lesquels la Troupe comptera devant M. Chupé, — pension viagère de 500 livres pour chacun, substituée aux deux parts qu'ils avaient dans la Société.

Plus tard, 27 janvier 1678, compte des comédiens présenté à M. Chupé et signifié le même jour contre Sourdéac et Champeron.

3 juin, arrêt de la Cour qui règle le compte, condamne lesdits sieurs à payer les dépens, plus à rendre 49 livres 16 sols 9 deniers chacun qu'ils ont reçus, en excédant, de la Compagnie.

Signification le 10 juillet, opposition de la part de Sourdéac et Champeron.

16 juillet, requête civile.

3 juin 1680, arrêt du Parlement qui règle le compte de la Comédie.

Signification le 10 juillet.

18, opposition des sieurs Sourdéac et Champeron.

Les choses en étaient là, quand la Jonction eut lieu. Sourdéac et Champeron avaient eu tort de ne pas accepter sur-le-champ la pension viagère. Les comédiens de Guénégaud l'auraient payée de bon cœur, et plus tard les Troupes réunies auraient continué de la servir sans réclamation. Après avoir laissé échapper le moment, Sourdéac et Champeron n'avaient plus qu'à achever de se perdre.

« Ce même jour, 19 juillet (1681), dit le Livre de La Grange, il y a eu délibération de la Compagnie sur ce que les sieurs de Sourdéac et Champeron poursuivent le jugement de la requête civile qu'ils ont prise contre l'arrêt du 29 juillet 1677. On a délibéré que Messieurs, ci-devant à l'Hôtel de Bourgogne, et réunis à présent à Guénégaud, présenteront requête d'intervention pour être déchargés de la pension de 500 livres pour le sieur de Sourdéac et de 500 livres pour le sieur de Champeron, portées par ledit arrêt. Et, en même temps, les dits sieurs ci-devant à l'Hôtel de Bourgogne donnèrent procuration à M. de La Gardette pour présenter leur requête, qui a été répondue le 28 du présent mois. M. Le Grand, procureur de Guénégaud. »

C'est à cette note du Journal que se rapporte l'acte suivant :

« Ce Jour d'huy Samedy dix-neuffe Juillet mil six cent quatre vingt un.

« Nous soubz signez, seuls Commédiens du Roy, assemblez en nostre Hostel seiz rue Mazariny, sommes conuenus et auons délibéré entre nous suiuant le conseil qui nous a esté, ce dict jour, donné par Monsieur Gaultier adat en la cour et messieurs De la Garde et Legrand procureurs en la dite Cour, de présenter reqte incessamment en la dite Cour contre les sieurs Marquis de Sourdiac[1] et Champeron, pour estre deschargez de la pension de cinq cent liures par an que nous debvons leur payer suiuant l'arrest de la cour du vingt neuf juillet mil six cent soixante dix sept, attendu que les ordres du Roy, en dattes des vingt deux et vingt neuf aoust mil six cent quatrevingt et Lettre de Cachet de Sa Majesté du vingt un octobre ensuiuant ont changé la Trouppe en sorte que ce n'est plus la mesme que celle qui a traicté auec les dits sieurs de Sourdiac et de Champeron. Et pour cet effet sera passé telle procuration que nous jugerons à propos,

1. Saint-Évremond, dans sa comédie des *Opéra,* dit aussi Sourdiac. Le nom du Marquis machiniste s'écrivait de trois manières : Sourdéac, Sourdeac et Sourdiac. Celle-ci n'est pas la bonne; mais elle donne raison à la première en indiquant que la prononciation n'était pas celle de l'*e* muet.

et les frais qu'il conuiendra faire seront payez en commun, et en cas que nous soyons débouttés de nostre Requête, nous payerons la dite pention de cinq cent liures à chacun des dits sieurs de Sourdiac et de Champeron ainsy qu'il auoit esté conuenu entre nous. Fait et déliberré lesd. jour et an après midy.

CATHERINE. D'AUVILLIERS. HUBERT.
LECLER. LOUISE IACOB. GUÉRIN. FRANÇOISE JACOB.
LA BAUUAL. C.-V. DE LA GRANGE. DE VERNEUIL. DE CHAMPMESLÉ.
ROSIMOND.
LE CONTE.
RAISIN. BARON. DEVILLIERS.
LENOIR. LA RAISIN. GUIOT. LA TUILLERIE. DU CROISY.
POISSON. M. DESMARES. GUÉRIN. MARIANGÉLIQUE.
DE HAUTE ROCHE. DUCROISY.
BEAUUAL.

Au verso de la double page et en tête du papier plié en quatre :

« Delliberation de toute la Troupe depuis la Jonction pour le procez quelle a contre le Sr marquis de Sourdiac du 19 juillet 1681. »

Sourdéac et Champeron, déboutés le 21 août 1681, furent condamnés à l'amende et aux dépens. Il n'y eut plus à revenir là-dessus.

## III.

## LETTRE DE HAUTEROCHE A LA GRANGE.

A Paris, ce 12$^{me}$ sept. (1681).

« Mon cousin,

« Vous ne pouuez pas douter que nous n'ayons esté obligés de cesser le théâtre aujourdhuy. Vous sçauez que de représenter une pièce sérieuse, sans une petite pièce, c'est absolument chasser le peuple. Vous n'ignorez pas aussi que nous ne pouuons donner aucune comédie, tous les comiques estant à Fontainebleau. Si vous voulez que nous remontions au théâtre au plus tôt, enuoyez-nous les secours nécessaires, c'est-à-dire Raisin et Poisson ; autrement nous serons contraints d'aller faire très-humble remontrance à Sa Majesté, qui ne veut pas que la Comédie cesse à Paris. Je laisse à votre prudence à ménager les choses auec l'auis de tous nos camarades. Je suis de tout mon cœur, mon cousin,

« Votre obéissant seruiteur,

DE HAUTE ROCHE.

LA TUILLERIE.
M. DESMARES.
BAUUAL.
LA RAISIN.
LE CONTE.
ANGÉLIQUE.
DE CHAMPMESLÉ.
DEVILLERS.
BEAUUAL.
DENNEBAULT.
BARON.

« Nous saluons tous ces messieurs et demoiselles. »

Suscription : *A Monsieur*

*Monsieur de La Grange*
*de La Grange,*
*comédien du Roy*
*à Fontainebleau.*

« Samedi 13, dit le Livre de La Grange, — et il faut probablement dater aussi du 13 la lettre de Hauteroche, — samedi 13, on ne joua point à cause du départ de Mrs Poisson et Raisin pour Fontainebleau. »

Mais, le dimanche 14, Poisson et Raisin étant déjà de retour, on donna *Iphigénie* avec *l'Après-Souper des Auberges*.

La série tragique avait obligé le Théâtre à deux interruptions en août, la série comique l'obligeait à une interruption en septembre. On était presque quitte à quitte.

Sur le mot : « Mon cousin », M. Jal, qui a déjà publié cette lettre, s'excuse de « n'avoir pu connaître par quelle alliance La Grange et Haute-Roche étaient unis ». C'est prendre au sérieux un badinage né de la circonstance. Hauteroche, écrivant à La Grange qui est à Fontainebleau, joue naturellement avec lui sur l'étiquette des protocoles épistolaires entre têtes couronnées.

## IV.

### Lettre du duc de Saint-Aignan à La Grange.

De la Ferté-Saint-Aignan, le 29 sept. 1681.

« M. le duc de Beauvillier ayant datté de Fontainebleau une lettre à M. Duché, qu'il dit auoir escrite par les ordres du Roy; M. Duché n'estant point à Chambord et[1] n'ayant mis simplement que ceux qui estoient allez à Chambord pour le diuertissement de Sa Majesté eussent à s'en reuenir, sans dire sy c'est au dit Fontainebleau ou à Paris, et ne sçachant au vray ce qu'ils doiuent faire, mon auis est qu'ils repassent pour plus grande seureté, au dit Fontainebleau, à cause du peu de détour qu'il y a, et qu'ils retournent par où ils sont venus. Monditsieur Duché aura peut-être de nouueaux ordres qui leur feront prendre d'autres mesures; mais puisqu'ils ont souhaitté de sçauoir quels estoient mes sentimens, je leur dis ce qu'en crois, en les assurant de mes seruices.

« Le Duc de SAignan. »

Le 25 septembre, les comédiens qui étaient à Fontainebleau reçurent l'ordre de se rendre à Chambord, où ils

1. Supprimer *n'* pour avoir le sens.

devaient précéder la Cour; mais, tandis qu'ils attendaient la Cour, ce fut une lettre de M. de Beauvilliers qui arriva, prescrivant en bref à M. Duché de les faire revenir.

Où revenir? à Fontainebleau? à Paris? M. Duché n'était pas là pour correspondre officiellement avec le Premier-Gentilhomme. Fontainebleau était loin; la Ferté-Saint-Aignan était près, on se permit de consulter le duc de Saint-Aignan, le père de M. de Beauvilliers. Le vieux duc opina pour le retour à Paris par Fontainebleau. C'était parer à tout; mais, en définitive, il s'agissait de revenir droit à Paris, puisque le Roi était parti « pour prendre Strasbourg », comme on sait.

La Grange était de la série de septembre et par conséquent de celle qui se trouva dans Chambord sans avoir à qui parler. La lettre du duc de Saint-Aignan doit être une réponse à La Grange, qu'il connaissait d'ailleurs et qui avait dû jouer, en 1664, dans sa *Bradamante ridicule.*

## V.

### Lettre de M. Duché de Belmont a La Grange.

On se rappelle comment, après avoir failli exclure Baron et Raisin cadet de la Comédie, le 19 avril 1685, pour faire respecter en Rochemore l'honneur de sa bienveillance, M^me la Dauphine ne tarda pas à lui savoir fort mauvais gré de la faute qu'elle aurait pu commettre, et, l'ayant vu jouer à Chambord, le déclara finalement incapable d'entrer dans la Compagnie. De la lettre écrite à La Grange par M. Duché de Belmont, il résulte que, quatre ans plus tard, le même Rochemore se préparait à tenter une nouvelle épreuve ; mais on ne voit pas qu'il ait mieux réussi la seconde fois ou même qu'il ait été admis à recommencer. Ce qui surprend un peu ici, c'est d'entrevoir que La Grange lui était assez favorable. Rochemore avait-il acquis plus de talent ? — il est resté bien obscur — ou avait-il encore pour lui le protecteur qui avait intéressé la Dauphine à ses premiers débuts et qui continuait à le servir par quelque autre voie ?

17 mars 1689.

« Je receus, hyer matin, Monsieur, la vôtre de Lundy dernier ; je ne puis en attribuer le retardement qu'à l'audiance du Doge[1], que le commis de la poste a voulu veoir apparament. Je ne me suis point pressé de vous faire response sur le chapitre de M. de Rochemore, parce que vous deués auoir receu un billet de mon père qui s'estoit chargé de vous escrire, car sans cela je l'aurois fait dès dimanche au soir. Vous aués bien fait de ne pas le faire joüer, car c'estoit le moyen qu'il n'entra jamais dans la Trouppe, au lieu que vous voyés qu'on ne verra pas même joüer ses concurrens. A l'esgard de M. de Bourdon, j'y ay esté; mais je n'ay pu luy parler. On m'a dit qu'il m'en rendroit raison, lundy prochain. Vous pouués vous espargner la peine de venir ici, car j'aurai soin de vous en rendre raison, lundy prochain, c'est-à-dire que vous receurés un billet de moy, mardy matin. Je voudrois bien, monsieur, pouuoir vous estre utille à quelque chose de meilleur, et trouuer l'occasion de vous marquer combien je suis à vous.

« Duché de Belmont.

« A Versailles, jeudy 17e may 1689. »

En suscription : *A Monsieur*
*Monsieur de La Grange, l'un des comédiens du Roy, rüe Saint-André-des-Arts, A Paris.*

1. « Le 8 de ce mois, dit la *Gazette,* sous la rubrique de Paris, le sieur Véniers, ambassadeur de Venise, fit son entrée publique. » Le sieur Véniers, autrement Venieri, n'était pas doge mais il descendait de Sébastien Venieri, le héros de Lépante, qui commandait la flotte à soixante-dix ans et fut nommé doge en récompense de ses services.

Ce fut le 10 que l'ambassadeur de Venise eut sa première audience à Versailles.

## VI.

### Liste des rôles de Ch. V. de La Grange et de Mlle de La Grange,

distribués après la mort de l'un et la retraite de l'autre. 27 mars 1692.

La Grange était mort le 1er mars, presque à la fin de l'année théâtrale. Quand arriva la clôture des jours saints, Mlle La Grange ne renouvela pas son engagement. Elle n'avait jamais bien connu les joies du théâtre. Elle s'y était longtemps trouvée dans une position inférieure. Le jour même où son mariage semblait la faire entrer par la grande porte, on la lui entre-bâilla, et les camarades de son mari lui marchandèrent l'entrée[1]. Veuve d'un mari qui était son appui et son honneur, n'ayant plus rien qui l'attachât réellement au théâtre, elle se retira, d'elle-

1. « Na, dit le Livre de La Grange, à la date du 11 août 1672, Na que j'ai eu contestation, depuis Pâques, avec la Troupe sur ce qu'elle voulait que je payasse trois livres, chaque jour de représentation, sur la demi-part de ma femme, à Châteauneuf, gagiste de la Troupe, ce que je n'ai voulu consentir jusques à ce jourd'hui, que pour terminer tous différends et entretenir paix et amitié dans la Troupe. J'ai acquiescé à la pluralité. »

C'est bien La Grange et son esprit conciliant. On peut croire que si La Grange se défendit, quatre mois, contre la Troupe, c'est que la Troupe n'avait pas raison. Une fois résigné à se donner tort, il compléta, sur son Registre, le tableau des comédiens pour 1672, et, au-dessous du

même, dans la, dignité de son deuil. Le répertoire se trouva ainsi démonté par plus d'un endroit. Il fallut pourvoir à remplacer les deux comédiens dans toutes les pièces où ils laissaient un vide, et répartir leurs rôles soit entre les divers héritiers qui prétendaient à la succession, soit entre ceux qui ne l'acceptaient que sous bénéfice d'inventaire; ce fut le travail délicat d'une assemblée dont voici le procès-verbal :

### PREMIÈRE ASSEMBLÉE
### DEPUIS LES COMPTES DE MARS 1692

JETTONS

Cejourd'huy Jeudy 27 mars 1692, la Compagnie s'est assemblée extraordinairement pour délibérer des affaires de la Troupe et disposer des rolles de Monsieur (Monsieur est écrit en surcharge sur le mot Mad^lle^ écrit d'abord) et de M^lle^ de La Grange. Les présens à l'assemblée ont signé pour le droict de jetton.

Distribué dix-huit jettons — Absens, Mrs Raisain Ct.

LE COMTE. GUÉRIN. BEAUUAL.
RAISIN.
DE SEUIGNY. DE ROSÉLIS.
DU PERRIER. DESBROSSES. DURIEU.
DESMARES. DESHAYES.
DANCOURT.
DE LA THORILLIÈRE.
POISSON. DEUILLIERS.

nom de sa femme « M^lle^ La Grange, demi-part », il ajouta : « à la charge de payer Châteauneuf, gagiste. » De même, à la suite de son mariage : « Le dimanche de Quasimodo, 24 avril 1672, je fus fiancé, et le lendemain, lundi 25, je fus marié à Saint-Germain de l'Auxerrois, avec M^lle^ Marie Ragueneau de l'Estang. » il écrivit par post-scriptum « qui est entrée actrice dans la Troupe. »

ROLLES DE MADEMOISELLE DE LA GRANGE

| | |
|---|---|
| *L'École des Femmes. Georgette* . | Mlle De beauual. |
| *La Critique. Le grand rolle*[1] . . | Mlle du Rieu. |
| *Trissotin*[2]. *La Tante* . . . . . | Mlle Desbrosses. |

1. Il y a deux rôles de comédiennes qui pourraient s'appeler le grand rôle dans *la Critique de l'École des Femmes*, celui d'Élise, la fine railleuse, et celui de Climène, la précieuse extravagante; Mlle La Grange devait jouer le rôle de Climène, qui fut donné à Mlle Du Rieux, comme celui de Georgette à Mlle de Beauval ; — ainsi de suite.

2. *Les Femmes savantes*, naturellement. La pièce dut être répétée sous le titre de *Trissotin* ou même de *Tricotin*. Quand Molière s'avisa d'adoucir le C, sous prétexte de mieux dissimuler le nom de sa victime, et surtout quand il se fut défendu publiquement, avant la représentation, d'avoir voulu faire aucune personnalité, La Grange écrivit *les Femmes savantes* sur son Registre comme sur l'affiche; mais *Trissotin* n'en resta pas moins le titre sommaire et usité dans la maison.

Le lendemain des *Femmes savantes*, le 12 février 1672, l'Académie-Française, dont Louis XIV venait de se déclarer le protecteur, se rendait à Versailles pour remercier le Roi de ses bontés. Cotin n'osa pas se montrer à la Cour, on le conçoit; et s'excusant, non sans adresse, il feignit de demeurer chez lui, pour éviter le soupçon d'aller se plaindre en haut lieu. Au fond, c'était la plainte plus perfidement portée mais les situations étaient nettes. Cotin et Trissotin ne faisant qu'un, de l'aveu de Cotin lui-même, — à la rentrée de Pâques, le 29 avril, La Grange mit les deux titres sur son Livre : *Les Femmes savantes* ou *Trissotin*, en forme de transition; le 3 mai, *Trissotin* tout seul; et jusqu'à la mort de Molière, le titre usuel se retrouva sous sa plume.

A l'ouverture de Guénégaud, *Trissotin*. En avril 1681, *les Femmes savantes*. La Grange ajustait alors son petit Registre avec son édition de Molière, ce qui n'empêcha pas *Trissotin* de reparaître à la fin de l'année. En avril 1682, *les Femmes savantes;* aussi était-ce la première fois qu'on rejouait la comédie depuis que Cotin était mort en janvier; mais à partir de là, c'est, presque toujours, sinon toujours, *Trissotin* qui reste dans l'usage du Théâtre. On le voit par ces deux listes de rôles dressées en 1692.

| | |
|---|---|
| *Le Dépit amoureux. Eufrosine*[1] | M^lle^ Deshayes. |
| *Le Malade imaginaire. La belle-mère*. . . . . . . . . . . | M^lle^ Du Rieu. |
| *Le Festin de Pierre*[2]. *La nourrice* | M^lle^ Desbrosses. |
| *La Mère Coquette. La mère*. . . | M^lle^ Du Rieu. |
| *Les Visionnaires. La belle*[3] . . . | M^lle^ Deshayes. |
| *L'Inconnu. La Dame Du Village*[4]. | |
| *La Deuineresse. Mathurine et la dame qui parle à la tête*[5] . . | |

Cotin (*Critique désintéressée sur les satyres du temps*, sans nom d'imprimeur et sans date — 1667 ?), avait eu la sottise de dire des comédiens :

« Je leur abandonne donc ma réputation, pourvu qu'ils ne m'obligent point à voir leurs Farces. Que peut-on répondre à des gens qui sont déclarés infâmes par les loix, même des payens? Que peut-on écrire contre ceux à qui l'on ne peut rien dire de pis que leur nom.

« *Cum crimine turpior omni*
*persona est.*

« Quoique fassent de semblables bouffons, je leur pardonne; mais je ne sais si certains braves, descendus des Simons en droite ligne, voudront bien leur pardonner. »

Provocation, insolence, hypocrisie et invitation au guet-apens, Molière lui fit tout payer à la fois, bon prix, juste prix, avec les intérêts de l'arriéré sans doute; mais non pas, quoi qu'on en dise, au taux de l'usure.

1. Le rôle de la Confidente d'Ascagne, dans la comédie en 5 actes; mais le véritable nom est Frosine.

2. *Le Festin de Pierre* mis en vers par Thomas Corneille.

3. Hespérie la visionnaire « qui croit que chacun l'aime », dit Desmarets. La Bélise de Molière.

4. On ne voit pas trop le personnage de l'*Inconnu* qui s'appellerait la Dame du Village. Quel que soit ce rôle, l'assemblée l'avait d'abord donné à M^lle^ Deshayes, dont le nom fut effacé ensuite, sans être remplacé. — Serait-ce la comtesse elle-même ?

5. Une tête coupée qu'on interroge et qui répond. *Le truc* du décapité parlant n'est pas nouveau sur le théâtre. Du reste presque tous les trucs de nos féeries modernes : la trappe anglaise, l'enflure passant d'un personnage à un autre, l'homme tombé par morceaux, qui se rassemble et ressuscite, se trouvent dans *la Devineresse*.

| | |
|---|---|
| *On coupera le rolle de la chanteuse.* . . . . . . . . . . . | Mlle Durieu. |
| *Albikrac*[1]. *La Tante*. . . . . . | Mlle Desbrosses. |
| *La Comédie sans titre. Le gros-rouge*[2]. . . . . . . . . . | Mlle du rieu. |
| *La Coquette. La Tante* . . . . | Mlle du rieu. |
| *Le Ch*lier *à la mode. Mad*e *Patin* . . . . . . . . . . . | Mlle Desbrosses, et Mlle de Villiers la suiuante. |
| *Œsope*[3]. *L'Écreuisse* . . . . . | M. le Comte. |
| *L'École des Maris. La Seruante* . | Mlle des hayes. |
| *Scapin. La nourrice*. . . . . | Mlle des brosses. |

Comme son mari, Mlle La Grange chantait de manière à faire plaisir. Outre les rôles de la servante Mathurine et de Mme de Clérimont « la Dame qui parle à la tête », elle jouait celui de Mme Des. Roches qui vient chercher un secret pour conserver sa beauté et pour donner plus de souplesse à sa voix : « Je sais que je ne suis pas une beauté achevée, dit Mme Des Roches à la Devineresse; mais je m'en console. J'ai quelque agrément, un peu d'esprit, des manières assez enjouées, et je crois qu'avec cela on peut faire figure dans le monde. » C'était le portrait de Mlle La Grange.

Et lorsque Mlle La Grange avait chanté sa romance : « Pourquoi n'avoir pas le cœur tendre? » Mme Jobin reprenait : « Vous avez déjà beaucoup de talent. » Mlle Du Rieux n'ayant pas le même talent, on supprima le rôle de la chanteuse.

1. *Le Baron d'Albikrac*, de Th. Corneille, 5 a. vers. Décembre 1668. La tante est une vieille folle amoureuse que mystifie le valet La Montagne sous le nom du Baron d'Albikrac.

2. *La Comédie sans titre*, com. 5 actes, en vers, de Boursault. *Le Dictionnaire portatif des Théâtres* dit qu'elle parut en 1679 sous le nom de Raimond Poisson. Elle parut en effet sous le nom du célèbre comédien, mais, le 5 mars 1683. — « Pièce nouvelle de M. Poisson », écrit La Grange à cette date. Le gros-rouge est la scène de Mme Guillemot, une honorable bourgeoise, qui s'est fait faire une robe gros-rouge avec la housse de son lit. Le cramoisi avait changé de nom pour se remettre à la mode.

3. Les *Fables d'Ésope* de Boursault, 18 janvier 1690, com. 5 actes. Vers. *L'Écrevisse*, en abréviation de théâtre, la scène d'Aminte, la « mère d'une fille enlevée », trois fois enlevée elle-même dans sa jeunesse, à laquelle Ésope raconte la fable de l'écrevisse, morigénant sa fille parce que celle-ci marche à reculons.

| | |
|---|---|
| *Pourceaugnac. La picarde* . . . | Mlle De beauual. |
| *Les Médecins*[1]. *La nièce* . . . . | Mlle des hayes. |
| *Le grand turc*[2]. *Une Seruante.* . | Mlle Desbrosses. |
| *Le Nore obligeant*[3]. *La Mère* . . | Mlle Durieu. |
| *Le Cocu imagre. La Seruante* . . | Mlle de Villiers. |
| *Le mariage forcé. Vne bohémienne* | Mlle du rieu. |
| *Escarbagnas. La Comtesse* . . . | Mlle du rieu. |
| *Les prétieuses. Cathos* . . . . . | Mlle Desbrosses. |
| *Les Carosses d'Orléans*[4]. *La prouincialle* . . . . . . . . . | Mlle du rieu. |

1. *L'Amour Médecin,* rôle de Lucrèce. La Grange appelle toujours la pièce *les Médecins,* pour abréger. Il se pourrait aussi que la pièce ait eu deux titres, *les Médecins* comme comédie, *l'Amour Médecin* comme comédie-ballet. Le titre de la comédie-ballet aurait prévalu dans le public. Le Théâtre aurait conservé l'autre.

2. Autrement *l'École des Jaloux* de Montfleury (1664). Pour punir de sa jalousie le brutal Santillane, un jour qu'il se promène en mer avec sa femme Léonor, de faux levantins les enlèvent tous les deux et les conduisent devant le Grand Turc, c'est-à-dire devant Gusman, un des valets du gouverneur de Cadix et l'inventeur de la Mascarade. Le Grand Turc s'éprend aussitôt de Léonor, et comme celle-ci lui résiste héroïquement, le mécréant menace Santillane de le faire empaler si elle ne se rend pas plus complaisante, d'où le mari, réduit à souhaiter ce qu'il a toujours craint, supplie lui-même désespérément sa femme de ne pas le tuer par vertu. Cette bouffonnerie, souvent jouée, finit par s'appeler la *Fausse Turquie,* peut-être après le succès des *Faux Moscovites* et quand le mot *École* devint malheureux sur une affiche. Le Grand Turc de *l'École des Jaloux* préparait le fils du Grand Turc du *Bourgeois Gentilhomme.*

3. *Le Notaire obligeant,* première comédie en 3 actes, de Dancourt. — Rôle de Mme Gérante.

4. Com. en un acte, en prose, 9 août 1680. Pièce nouvelle de M. de Champmeslé, dit La Grange; mais La Chapelle, dans sa préface, la défend contre la critique avec la chaleur d'un père. Quant au rôle de *la Provinciale,* le voici indiqué dans la boutade de Cléante contre le carrosse qu'il a pris et les fâcheux qui l'y ont persécuté : « Une jeune provinciale qui n'a jamais vu Paris, qui ne parle que des ajustements qu'elle s'y donnera, et qui, avec un langage affecté, vous fait cent questions impertinentes. »

| | |
|---|---|
| *Les auberges*[1]. *La Vicomtesse* . . | M<sup>lle</sup> Durieu. |
| *Le Semblable à soy-mesme*[2]. *La femme* . . . . . . . . . . . | M<sup>lle</sup> des Brosses. |
| *Le Baron de la Crasse*[3]. *La mère*. | M<sup>lle</sup> du rieu. |

1. *L'Après Soupé des Auberges* de Poisson, un acte en vers. 1665. La Vicomtesse est une campagnarde qui joue l'enfant et qui parle gras.

> C'est poul vous dile donc te ze pallais si gueas
> Si gueas, si gueas, si gueas, t'on ne m'entendet pas.

2. Troisième intermède de *l'Ambigu-Comique* de Montfleury. Th. du Marais-1673. « La femme, » c'est-à-dire Perrine, bourgeoise de campagne et mère de bon sens, tient tête à son mari sur de fait du parti à choisir pour Lucile. Le mari, Thibault, veut donner sa fille au bailly, et Perrine à Cléante. Celui-ci épouse finalement Lucile, parce que le bailly soupçonneux, après avoir feint de s'éloigner, reparaît sous le nom d'un frère, son prétendu ménechme, et éclaircit tout de suite ses soupçons. Après ce qu'il a vu, le bailly se retire en disant :

> Sur un pareil marché, je ne mets point d'enchère.

3. *Le Baron de la Crasse*, juin (?) 1662.

Des comédiens de campagne, en se rendant à Béziers, se présentent chez notre hobereau, et celui-ci les retient pour donner le spectacle à deux gentilshommes qui s'amusent de sa sottise. Le fond de la pièce n'est pas autre chose. Faute d'un acteur qui s'est arrêté en route, — au lieu de commencer par la tragédie *(Don Sanche d'Aragon)* le spectacle commence par la farce, une sorte de parade intitulée *le Zig-zag*. C'est à la farce que M<sup>lle</sup> La Grange jouait le rôle de Léonor, la mère d'Isabelle.

Il ne faudrait pas trop s'ingénier pour trouver, dans cette Troupe de campagne qui parcourt le Languedoc, avec de jolies comédiennes, une allusion à la troupe nomade de Molière, et pour le reconnaître lui-même, malignement figuré, dans le premier acteur qui joue les rôles de bouffon, et fait le compliment à son hôte :

> Mais le premier acteur
> Se croit fort habile homme et fort grand orateur.
> Les premiers de son art, les plus inimitables,
> Il ne les trouve pas seulement supportables.

Lire la comédie de Raymond Poisson à ce point de vue, et, en tout cas, au point de vue des procédés généraux de l'ancien théâtre, comme aussi pour l'amusante odyssée du Baron bafoué à Fontainebleau.

| | |
|---|---|
| *Crispin bel esprit*[1]. *Mme Victorine* | Mlle Desbrosses. |
| *L'ombre de Molière*[2]. *La prétieuse* . . . . . . . . . . | Mlle des brosses. |
| *Le Cocher supposé. Vne petite Seruante* . . . . . . . . . | Mlle des hayes. |
| *Les dragons. toinette*. . . . . . | Mlle de Villiers. |
| *Les Joueuses*[3]. *La marquise*. . . | |
| *Le Veau perdu. La Marquise*. . | Mlle Durieu. |

1. *Crispin bel Esprit.* Com. un acte en vers. 11 juillet 1681. « Pièce nouvelle de M. de la Thuillerie, » dit le Livre de la Grange. Mme Victorine est une Muse bourgeoise. Crispin, sous le nom de M. de Clairvoyant, s'est introduit chez Mme Victorine pour y présenter Valère, son maître, amoureux d'Orphise.

2. « Donnée une seule fois en 1674, » lit-on dans le *Dictionnaire portatif* des théâtres. Les frères Parfaict datent la pièce de la même année, sans dire si elle a eu ou si elle n'a pas eu quelque autre représentation. La Grange les eût mieux renseignés. A la Jonction, *l'Ombre de Molière* passa de la rue Mauconseil à la rue Mazarine. Elle y fut jouée trois fois en septembre 1682, trois fois en juillet et en decembre 1684; la Cour la demanda le 14 juillet 1685 avec *l'Ajax* de la Chapelle. Nous n'irons pas plus loin que notre Livre; mais la pièce était restée et devait rester au répertoire, puisqu'on pourvoyait, en 1692, à y remplacer Mlle de La Grange par Mlle Des Brosses.

On remarquera, sans s'étonner toutefois, qu'un an après la mort de Molière, l'Hôtel de Bourgogne lui décernait généreusement les honneurs de l'apothéose.

> O soupirs! ô respect! Et qu'il est doux de plaindre
> Le sort d'un ennemi, quand il n'est plus à craindre!

Il est vrai que la pièce était de Brécourt, et Brécourt n'était pas tellement de l'Hôtel de Bourgogne qu'il ne se fît honneur d'avoir été, deux ans, au Palais-Royal, le camarade de Molière.

3. *La Désolation des joueuses.* Dancourt, 23 août 1687. Un acte en prose. La défense du Lansquenet met au désespoir Mme Dorimène et les habitués de son académie. La Marquise (Mlle La Grange), il faudrait dire la Comtesse, est une des joueuses désespérées qui se révoltent contre l'ordonnance de la police. Au temps où la police avait déjà interdit la Bassette, elle se souvient d'avoir joué sur les toits et l'on jetait alors les sergents dans la rue. Elle est toute prête à monter tailler le Lansquenet entre deux gouttières.

« On a pris jour à lundy prochain, à trois heures après midy, pour lire une comédie de M. Rivière proposée par Mons[r] Raisin l'aîné.

« La Compagnie a donné le roôle de Moron à Monsieur de la Thorillière, et l'assemblée a finy. »

Du Périer.
De Rosélis. Desmares.
Poisson.

ROLLES DE M. DE LA GRANGE.

| | |
|---|---|
| *Tartuffe*. . . . . . . . . | Tartuffe, M. de la Thorillière. M[r]. dancourt jouera le fils. |
| *L'Avarre*. . . . . . . . . | Valère. M. de Villiers. |
| *Le Misantrope* . . . . . . | Le Misantrope. |
| *L'École des femmes* . . . . | Horace, à M. Raisin l'aisné. M. Duperrier le notaire. |
| *Trissotin* . . . . . . . . | Clitandre. Raisin Laisné. |
| *LÉtourdy* . . . . . . . . | LÉtourdy. Lathorillière. |
| *Le Dépit amoureux* . . . . | Éraste. M. de Villiers. |
| *Le Bourgeois Gentilho[e]*. . . | M. Jourdain. |
| *Le malade imag[re]* . . . . . | Le Malade. |
| *Le festin Depierre*. . . . . | Don Juan. M[r]. dancourt. |
| *Le Comédien-poëte*[1] . . . . | le laquais. |

1. *Le Comédien-Poëte* de Montfleury. Guénégaud, 10 novembre 1673. La pièce comprend un prologue en prose, le premier acte d'une comédie en vers, à machines, intitulée *le Garçon sans conduite,* une suite du prologue et une seconde comédie en quatre actes, en vers, *la Sœur ridicule.* Le tout se passe à une répétition, ce qui en rattache, si l'on veut, les diverses parties. L'auteur fictif du *Garçon sans conduite* se querelle avec les acteurs et retire sa pièce. Un des comédiens offre d'y suppléer par quatre actes de son fait qui se répètent aussitôt; d'où le titre du *Comédien-Poëte.*

Il y a deux rôles du même emploi dans cet autre *Ambigu-Comique,* le Crispin de la première pièce et le Gusman de la seconde, mais Gusman seul est un laquais. La Grange jouait le rôle de Gusman qui se travestit en femme pour faire la sœur ridicule.

Le héros du *Garçon sans conduite,* Damon fils, est un furieux amateur de machines, qui a bouleversé la maison de son père pour

| | |
|---|---|
| *Le Menteur* . . . . . . . | Le menteur, M. de la thorillière et philiste à M. Dupérier. |
| *Les Visionnaires* . . . . . | L'Ami [1], M. du perrier. |
| *D. Japhet* . . . . . . . . | L'Écolier [2]. M. dancourt. |
| *L'Inconnu*. . . . . . . . | Le marquis. |
| *D. Bertrand* [3] . . . . . . | Don Aluar. M. Raisin l'aisné. |

l'agencer comme un théâtre des caves au grenier, qui se ruine à donner le spectacle chez lui, à inventer des vols, à exécuter des décors, mangeant en herbe tout le bien paternel, pour obtenir, en fin de compte :

Des Lettres-du-grand-sceau de docteur en machine.

Le marquis de Sourdéac, avec son hôtel de la rue Garancière, tiré en portrait sur son propre théâtre.

A la fin du second prologue, lorsque les acteurs consentent à voir répéter *la Sœur ridicule*, le premier acteur, La Grange par exemple, fait quelques recommandations préalables au poëte-comédien. « Et surtout, lui dit-il, ne parlez point de ces Messieurs les Médecins, cela porte malheur. » A sept mois seulement du 17 février, c'était un souvenir encore douloureux donné à la mort de Molière.

1. Rôle de Lysandre, parent d'Alcidon et de ses trois filles à chimères : Mélise amoureuse d'Alexandre le Grand, comme M^lle^ de Rambouillet l'était du roi du Suède; Hespérie qui se voit partout des amants; Sestiane qui a la passion de la comédie.

2. Don Alphonse, amoureux de Léonor, qui se présente en soutane pour entrer comme secrétaire au service de Don Japhet. Marine l'appelle un écolier :

A telle heure, une fille
Chercher un écolier! l'ambassade est gentille.

3. *Don Bertrand de Cigarral*, comédie en 5 actes en vers de Thomas Corneille, 1650.

ISABELLE.
Et quel est Don Alvar?
GUZMAN.
Un brave cavalier,
Noble, vaillant, civil, bien né, de bonne mine,
Discret...
JACINTE.
Que n'est-ce là celui qu'on vous destine!
Et pourquoi votre père, au lieu de ce mal fait (Don Bertrand),
N'a-t-il pas pris pour gendre un homme si parfait?

On voit le rôle, on devine aisément l'issue de la pièce, qui ne manque ni de scènes curieuses ni de vers lestement tournés.

| | |
|---|---|
| *La Devineresse* . . . . . . | Le marquis, M. de Villiers. |
| *Albicrac*[1] . . . . . . . . | Léandre, M. Raisin Laisné. |
| *La Comédie sans titre* . . . | Sangsue[2], M. Rosélis. |
| *L'Esprit follet*[3] . . . . . . | Pontignan, M. Dancourt. |
| *La Coquette*[4] . . . . . . . | L'oncle, M. Dancourt, M. de Champmeslé, M. basset. |

1. Comédie en 5 actes, en vers, de Th. Corneille, jouée en décembre 1668. Léandre, ami d'Oronte, amuse par complaisance la tante d'Angélique, en lui contant quelques douceurs pendant qu'Oronte fait sa cour à la nièce; mais la tante se laisse si aisément persuader, par l'entretien de Léandre, que celui-ci, pour donner le change à la bonne dame, se hâte de détacher auprès d'elle son valet La Montagne, transformé en baron d'Albicrak. Le faux baron parle bientôt en maître, c'est-à-dire en futur époux, et marie d'autorité Oronte avec Angélique.

2. En 1682, les Italiens avaient représenté *Arlequin Grapignan* de Fatouville, dure satire contre les procureurs. L'année suivante, Boursault mit en scène M. Sangsue et M. Brigandeau, deux procureurs, contestant sur ce point chatouilleux, savoir si l'Arlequin de l'Hôtel de Bourgogne était procureur au Châtelet ou procureur à la Grand'Chambre. Les deux confrères échangeant de terribles vérités, la satire de Boursault passe encore celle de Fatouville.

3. Ou *la Dame invisible,* com. en 5 actes, en vers, d'Hauteroche, on dit aussi de Th. Corneille. Jolie pièce d'intrigue et rôle élégant. Pontignan vient à Paris épouser Léonor, qu'il ne connaît pas et qui est engagée ailleurs. Pour rendre service à Léonor, Angélique, son amie, tourne la tête de Pontignan, sous le masque, et fait le lutin autour de lui, grâce à une cloison qui ouvre sur la chambre du voyageur; mais la dame invisible qui ne voulait que donner de l'amour en a pris elle-même. Elle épouse Pontignan. Scapin, le valet poltron du cavalier, remis enfin de ses frayeurs, termine philosophiquement la comédie par ce vers :

> Tel qui pense avoir vu le diable, n'a rien vu.

4. *La Coquette et la Fausse Prude,* comédie en 5 actes, en prose, de Baron, ou attribuée à Baron, qui l'aurait présentée sous son nom aux comédiens, comme Poisson avait présenté *le Mercure galant* de Boursault, comme Champmeslé présentait les pièces de La Fontaine, Dancourt celles de Saint-Yon et La Chapelle celles de l'abbé Abeille.

Quant au sujet, le titre l'indique. C'est *le Misanthrope* moins Alceste. La pièce se passe entre Célimène et Arsinoé. D'un côté, Cidalise, une jeune veuve, en coquetterie à la fois avec Éraste, l'honnête homme

| | |
|---|---|
| *Le Muet*[1] . . . . . . . . . | Le baron, M. Lecomte. |
| *Œsope*. . . . . . . . . . . | Le Comédien[2] M. Dancourt. |
| *L'École des maris*. . . . . | Sganarelle. |
| *Georges Dandin*. . . . . . | Clitandre, Mr. dancourt. |
| *Les fâcheux* . . . . . . . . | Le marquis, Mr. de Villiers. |
| *Scapin* . . . . . . . . . . | Argante, M. Guérin. |
| *Le Sicilien*. . . . . . . . | L'amant. |

de la pièce, avec M. Durut, le conseiller et le financier, M. Basset; de l'autre, Céphise, une Arsinoé mariée, ayant aussi tendresse d'âme pour Éraste. La Grange jouait Damis, le mari de Céphise, et rendait très-bien les brusqueries d'un excellent oncle, excité en dessous contre Cidalise par une femme hypocrite et jalouse.

On a jadis attribué *la Coquette* à l'auteur anonyme de *l'Histoire d'Henriette Sylvie de Molière*. Quel que soit son nom, l'auteur de *la Coquette* était un homme qui savait la vie et qui avait une plume d'écrivain nettement taillée.

1. *Le Muet*, comédie en cinq actes, en prose, de Brueys et Palaprat, imitée de *l'Eunuque* de Térence (22 juin 1690). Le rôle du baron d'Otigny, le père de Timante et du chevalier fut le dernier que La Grange ait joué d'original. Il le tenait avec une touchante et parfaite bonté.

2. Le comédien qui vient, avec un de ses camarades, prier Ésope d'honorer le Théâtre de sa présence et le presser de donner son jour, la Compagnie désirant annoncer un personnage tel que lui, pour grossir la recette. La Grange jouait ainsi son propre rôle.

ÉSOPE.

Qui de vous, je vous prie, est le complimenteur?

PREMIER COMÉDIEN.

C'est moi, monsieur.

ÉSOPE.

C'est vous?

PREMIER COMÉDIEN.

Moi-même.

ÉSOPE.

*Ergo* menteur.

Celui qui fait l'annonce, et qui taille, et qui coupe,
Est ordinairement le menteur de la troupe.
Il vaut mieux louer moins et ne pas tant mentir.

Le rôle revenait de droit à Dancourt, qui succédait comme complimenteur à La Grange.

| | |
|---|---|
| *Pourceaugnac* . . . . . . | lamant et un bondi[1], M. de Villiers. |
| *Les médecins*. . . . . . . | lamant et Lorfeure, Mr. la thorillière. |
| *Le médecin forcé*[2] . . . . | Valère, Mr. de Seuigny. |
| *Le Notaire obligeant* . . . | lamant[3], Dancourt. Le Bègue, Desmares. |
| *Le cocu Imagre*. . . . . . | Valère (Lélie?), Mr. Dancourt. |
| *Le mariage forcé* . . . . . | Pancrace, M. Le Comte, et M. de beaubourg jouera l'amoureux. |
| *Escarbagnas* . . . . . . . | lamant, M. Raisin L. |
| *Les prétieuses* . . . . . . | La Grange, M. le Comte. |
| *Les Carosses d'orléans*. . . | L'Amant, M. Dancourt. |
| *Le Semblable à soy mesme* . | lamant, M. dancourt. |
| *Le Baron de la Crasse*. . . | Le baron, M. de la thorillière. |
| *Le fou de qualité*[4] . . . . | Crispin, M. de la thorillière, M. de Sauvigny, l'autre. |

1. Un des deux médecins grotesques qui chantent : *Buon di, buon di, buon di.* C'est encore ainsi qu'on les appelle.

2. *Le Médecin malgré lui.*

3. L'amant est Valère qui voudrait épouser Angélique ; mais, pour en venir là, comme M. Oronte, le père de Valère, est le rival de son fils, et que la mère d'Angélique, Mme Gérante, se propose elle-même d'épouser Valère, il s'agit de ruiner Mme Gérante et M. Oronte. Quand l'un a donné tout son bien à Angélique, l'autre à Valère, les deux jeunes gens se marient. Ils prendront soin de leurs parents. Le bègue est un valet amoureux de Lisette, et qui n'a jamais trouvé le moyen de le lui dire, faute de commencer sa phrase assez vite. Au métier que fait ici le notaire, il y a eu convenance à changer le titre de la pièce, qui s'est appelée en second lieu *les Fonds perdus*.

4. *Le Fou de qualité,* ou plutôt *le Fou raisonnable* de Poisson, com. 1 acte, vers, jouée en 1664 et dédiée à M. le marquis d'Angely, c'est-à-dire à l'Angely, le fou du feu roi Louis XIII, popularisé par le beau drame de *Marion Delorme*. Don Pédro, amoureux d'Isabelle, dont le père est descendu à l'auberge d'Ilescas, se fait passer pour le fils de Crispin, leur hôte, et pour un fou amusant qui croit être le grand Alexandre. Grâce à sa folie, on lui permet d'entretenir Isabelle qui feint d'en rire et qu'il épouse quand il n'a plus besoin de se cacher. La Grange faisait admirablement les récits. Il y en a un très-long dans le rôle de Crispin, un récit à jouer, comme celui du baron de la Crasse.

| | |
|---|---|
| *C. bel esprit.* . . . . . . . | M. Naissant[1], M. de lathorillière. |
| *Dom Pasquin d'Avalos*[2] . . | lamoureux, Mr. Le Comte. |
| *Le Cocher supposé*[3] . . . . | Lamoureux, Mr. dancourt. |
| *Les Enlèvements*[4] . . . . . | La davoisière, M. Le Comte. |
| *Les Dragons*[5] . . . . . . | Oronte, M. Guérin, M. le Comte, un dragon. |

« L'autre », l'autre fou sans doute, est Félician, valet de Don Pedro, le burlesque Éphestion de l'Alexandre travesti.

1. C'est sous le nom de Naissant que Crispin présente Valère chez Mme Victorine. Jouant sur ce nom « significatif » : Madame, dit-il, à la mère d'Orphise :

> Madame, de plaisir je vais combler vos sens,
> Je vous offre la fleur des poëtes naissans.

2. *Don César d'Avalos,* com. 5 actes, vers, de Th. Corneille, Guénégaud, 21 décembre 1674. Il y a une double erreur dans le titre. La pièce pourrait à la rigueur s'appeler *Don Pascal d'Avalos,* puisque, par suite d'un échange de valises, dans une hôtellerie, un drôle nommé Don Pascal se trouve par hasard muni des papiers de Don César d'Avalos et se présente à la place de celui-ci comme le prétendu d'Isabelle. Pasquin pour Pascal est une distraction. La Grange jouait le rôle du véritable Don César.

3. *Le Cocher supposé,* Hauteroche, com. 1 acte, en prose, jouée le 9 juin 1684 et non pas le 9 avril, comme disent les frères Parfaict, un peu trop prévenus d'ailleurs en faveur d'une petite comédie assez inconvenante. Il y a deux amoureux dans *le Cocher supposé,* Eutrope, le prétendu officiel de Dorothée, et Lisidor, l'amant qu'elle préfère. Contrairement à la règle du théâtre. Lisidor n'épouse pas Dorothée; il retourne à Julie, qui réclame l'exécution d'une promesse de mariage. Lisidor devait être le rôle de La Grange.

4. *Les Enlèvements,* com. 1 acte, prose, de Baron, 6 juillet 1686. Quatre amoureux de Babet, la fille du fermier Guillaume : d'abord le comte et le chevalier de la Davoisière, puis Vincent et Pierrot, Pellerin aussi qui ferait le cinquième. Mais Pellerin, confident malgré lui de ses quatre rivaux, voyant la partie perdue pour son compte, la joue en honnête homme, au mieux des choses; et, de la sorte, le Comte et Pierrot, par méprise, enlèvent, l'un Léonor sa fiancée, l'autre Pierrot déguisé en fille. Le chevalier enlève Babet à bon escient et l'épouse. Une première ébauche du cinquième acte du *Mariage de Figaro.* La Grange jouait le rôle de Davoisière le père, rôle de convenance.

5. Comédie en 1 acte, en prose, de Desmarres, 26 avril 1686. La

| | |
|---|---|
| *Les Joueuses*. . . . . . . | Un Marquis[1]. |
| *La Coupe enchantée* . . . . | M. Josselin, M. beaubourg. |
| *Le Veau perdu*[2]. . . . . . | Le marquis, M. le Comte. |
| *Le Concert ridicule*[3]. . . . | M. Courtinet, M. Guérin. |
| *La Folle Enchère*[4]. . . . . | Un Vallet en femme, M. de Villiers. |

pièce est imprimée sous le titre de *la Dragone* ou de *Merlin Dragon*. Elle eut trente représentations très-suivies à cause de *l'Exercice du Broc* (Haut le broc. Portez la main gauche au broc. Posez vos brocs à terre, etc.), très-bien exécuté par quatre dragons et suivi d'une chanson à la dragonne :

Ah! les dragons, les dragons bien nés,
Ah! les dragons, qu'ils sont altérés!

Oronte est un bonhomme de père prêt à faire une sottise en mariant sa fille avec le père de Pimandre, au lieu de la marier avec Pimandre lui-même, et qui n'est pas fâché de voir ce malheureux projet de mariage renversé par une grosse intrigue.

1. Une seule scène. Le Marquis propose aux joueuses que nous savons un Lansquenet dans une masure quasi abandonnée du faubourg Saint-Antoine. Pour dépister la police, on se promènera de faubourg en faubourg et de masure en masure.

2. 1689, 22 août. « Pour la première fois, *le Veau perdu* de M. de Champmeslé, » dit le grand registre de la Comédie. Il n'en est pas moins probable, ou il en est d'autant plus probable, que la pièce était de La Fontaine, tirée d'ailleurs de deux de ses contes : *la Gageure des trois commères* et *le Villageois qui cherche son veau*. L'ouvrage n'a pas été imprimé. Les frères Parfaict, d'après Grandval, le père, en donnent un argument avec la distribution suivante : « Le Gentillâtre, le sieur Le Comte; sa femme, Mlle Durieu; sa servante, Mlle Beauval; Ricato, fermier du Gentillâtre, le sieur Desmarres; le fils du fermier, le sieur La Thorillière. » La Grange jouait le gentillâtre, autrement le marquis.

3. *Le Concert ridicule*, comédie en 1 acte, en prose, 14 septembre 1689, la première qu'ait produite l'association du jeune Brueys avec Palaprat. Le rôle de M. Courtinet père, procureur susceptible, piqué, ainsi que son fils, par les couplets du concert ridicule, est un de ces rôles à peine indiqués que ne refusait pas La Grange et qu'il remplissait d'office.

4. Com. 1 acte, prose. Dancourt, 30 mai 1690. Éraste, secrètement marié avec Angélique, a trois valets qui se travestissent et combinent,

*La Maison de campagne*[1]. . Le Baron de Mezi, M. Dancourt.

Le répertoire de Mlle de La Grange n'a rien de bien particulier; c'est celui d'une femme médiocrement jolie et de vocation douteuse qui a mis le pied sur la scène parce qu'elle se trouvait dans les coulisses, qui a commencé par les en-cas, par les utilités, petite ou grande, et qui a toujours été plus ou moins mise en réserve pour la grande utilité; qui a pu jouer tous les âges, n'ayant pas d'âge elle-même, et devenir bonne comédienne avec son esprit à l'école de La Grange, mais sans prendre plus de goût à se trouver devant un public qui ne lui faisait accueil que dans les personnages ridicules.

Le répertoire de La Grange est plus curieux, plus étendu, cela va sans dire, et combien le serait-il davantage, si la liste des pièces comprenait aussi celles qui n'ont eu qu'un moment d'existence! C'est le répertoire d'un brillant comédien, mort en sa pleine maturité, qui compte trente-trois ans de succès au même lieu, et autour duquel tout a changé, sans qu'il ait changé pour sa part dans la même mesure.

La Grange est toujours resté jeune; jeune de son talent et de sa personne. Tous ses anciens rôles qu'il a

pour régulariser les choses, une intrigue des plus obscures autour de Mme Argante, la mère de leur maître. Champagne, déguisé en femme, sous le nom de la marquise de la Tribardière, dispute à Mme Argante le cœur d'un joli petit jeune homme, qui n'est autre qu'Angélique, déguisée elle-même en cavalier, et c'est sur le cœur d'Angélique que les deux rivales mettent la folle enchère.

1. Com. 1 acte, prose, Dancourt, 27 janvier 1688. Entre les parasites de toute espèce qui envahissent la maison de campagne de M. Bernard et l'obligeront à en faire une auberge, par dépit, le baron de Messy, gentillâtre chasseur, qui a perdu son « oisel à grelots », vient chez lui le chercher dans les arbres et y est invité à dîner par un marquis gascon de ses amis. Moins un rôle qu'une figure comique.

voulu garder : Éraste, du *Dépit amoureux*, des *Fâcheux* et de *Pourceaugnac*, Lélie, du *Cocu imaginaire*, Horace, le charmant Horace, de *l'École des Femmes*, Clitandre, de *l'Amour médecin*, celui de *George Dandin* et des *Femmes savantes*, le brillant Adraste, du *Sicilien*, il les garde jusqu'au dernier moment, et il y est inimitable. Il joue les grands rôles d'élégance et de distinction : Dorante, du *Menteur;* Don Juan, du *Festin de Pierre:* le Marquis, de *l'Inconnu* et celui de *la Devineresse*. En même temps, quoi qu'on ait dit, il descend des hauteurs. Il aborde résolûment les Crispins, la livrée, les bizarres, les malotrus, Pancrace, M. Sangsue et le baron de la Crasse. Il réclame, et c'est là ce qui nous intéresse le plus, les rôles joués d'original par Molière : Tartuffe, Alceste, M. Jourdain, Argan et Sganarelle de *l'École des Maris*. Il en hérite du droit de celui qui les sait le mieux, qui reste le dernier à s'en souvenir, et qui léguera au théâtre tout ce qu'il a retenu, recueilli et thésaurisé de la leçon du maître. La tradition de Molière fixée et transmise est encore le service impérissable que La Grange rend chaque jour à la Comédie-Française.

Faut-il faire remarquer, en nous écartant un peu de notre sujet, le jour pris et fixé au 30 mars, dans l'assemblée du 27, pour la lecture d'une comédie de M. Rivière, proposée par M. Poisson? M. Rivière, c'était Rivière-Dufresny, dont les comédiens jouaient depuis un mois *le Négligent*, — sa première pièce. Après un heureux début, c'était pour lui le moment d'en présenter une seconde. La seconde fut-elle reçue? Ce serait donc *le Chevalier joueur*, qui ne fut joué que cinq ans plus tard? Il est vrai que Rivière se plaignit d'avoir eu son sujet surpris par Regnard, dont *le Joueur* fut donné dans l'intervalle, en 1695.

Pour revenir à La Grange, entre les rôles de Mo-

9

lière, celui de Moron lui appartenait aussi, sans doute, et il avait été omis sur la liste préparée, *la Princesse d'Élide* n'étant pas couramment au répertoire; mais, avant de se séparer, l'assemblée répara son oubli en remplaçant La Grange par La Thorillière. On pouvait avoir l'idée de faire une reprise.

## VII.

### Contrat de mariage

de

### Charles Varlet de La Grange

et de

### Marie Ragueneau[1].

24 avril 1672

Par-devant Claude Ogier et Camille Clément, notaires gardes-nottes du Roy au Châtelet de Paris, furent présens de leurs personnes :

Charles Varlet, sieur de La Grange, demeurant à Paris, rue St Honoré, paroisse de St Germain de l'Auxerrois, fils de feu Hector Varlet, capitaine du château de Nanteuil et de deffunte damoiselle Marie de La Grange, jadis sa femme, ses père et mère, pour luy et en son nom d'une part.

Et Damoiselle Marie Ragueneau, majeure, usante et jouïssante de ses biens et droicts, demeurante à Paris, susdite rue et paroisse, fille de défunt le sieur Ciprian Ragueneau, bourgeois de Paris, et de Damoiselle Marie Brunet, jadis sa femme, aussy ses père et mère, pareillement en son nom d'autre part;

1. Transcrit par les soins obligeants de M. Vaudoir-Lainé, d'après un texte de laborieuse lecture.

Les quelles parties, en la présence, par l'advis et consentement de leurs parents et amis, cy après nommés, savoir :

De la part du dit sieur de La Grange, Achilles Varlet, sieur de Verneuil, son frère, et de sieur Pierre de La Barre, ordinaire de la musique du Roy, son amy,

Et de la part de la dite Damoiselle Marie Ragueneau, de Marie Ragueneau, sa tante, fille majeure, sieur Edme Vilquin, bourgeois de Paris, Damoiselle Catherine Leclerc, sa femme, et Jean Vilquin, dit de Brie, leur fils, de sieur Jean Baraillon, Tailleur ordinaire des Balets du Roy, sieur Guillaume Castel, maître tailleur d'habits à Paris, Françoise Jeanne Leonard sa fille. — ses amys[1].

Ont recogneu avoir fait et accordé entre elles leur contrat de mariage, dont douaire et conventions sy ensuivent.

C'est à savoir que les dits sieur La Grange et Damoiselle Marie Ragueneau, ont promis se joindre l'un l'autre par voie et loy de mariage et iceluy faire et solempniser en face de notre mère sainte Église Catholique, apostholique et Romaine, dans le plus bref temps que faire se pourra et qu'il sera advisé et deslibéré entre eux et leurs dits parents et amis, sy Dieu et notre mère

1. « Je remarque, dit M. Jal, après avoir donné en extrait l'acte de mariage du 25, que Molière n'assista point au mariage de son camarade, de son ami La Grange. Sans doute il était souffrant et avait dû garder le lit. » C'est une raison assez probable; mais il semble aussi que La Grange n'ait voulu faire aucun bruit de son mariage et qu'il en ait écarté la famille des comédiens. Peut-être celle-ci, peut-être Molière lui-même n'approuvaient-ils pas cette union inégale sous tous les rapports. Quoi qu'il en soit, à voir dans ce contrat La Grange se présenter avec son frère et un ami seulement, Marie Ragueneau avec son escorte de parents et alliés, on est porté à croire que c'est elle qui triomphe par devant témoins et qui épouse solennellement son mari.

sainte Église y consentent et accordent, se joindront les dits futurs espoux;

Aux (quant aux?) biens et droicts à chacun d'eux appartenans pour être communs, seront iceux futurs espoux unis et communs de tous biens, meubles et conquets immeubles, suivant et au désir de la coustume de leur ville, prévosté et viconté de Paris, au désir de la quelle, leur dite communauté sera réglée.

Ne seront néangmoins tenus des dettes et hipothèques l'un de l'autre, faictes et créées avant la célébration du dit futur mariage; ainsy, sy aucunes y a, elles seront payées et acquittées par celuy qui les aura faictes;

De la part du dit futur, sera faict un bref état de ses biens et effects entre luy et la dite damoiselle, sa future espouze, auparavant la célébration du dit futur mariage. et le quel demeurera attaché à la minute des présentes; et d'iceux biens et effects du dit futur espoux, il en entrera la somme de trois mil livres en la dite future Communauté, et le surplus sera et demeurera propre au dit futur espoux et aux siens de son côté et ligne;

Le dit futur espoux a doué et doue la dite Damoiselle future espouze de la somme de trois mil livres tournois de douaire préfix pour une fois payé et sans retour.

Le survivant des dits Sieur et Damoiselle futurs espoux prendra par préciput, des biens de la communauté, tel qu'il voudra choisir et sans creue, jusques à la somme de quinze cens livres ou la dite somme en deniers comptans au choix du dit survivant.

Sera permis à la dite Damoiselle future espouze de renoncer à la dite future communauté, et, ce faisant. reprendra tout ce qu'elle y aura apporté et ce que pendant il luy seroit advenu et écheu par succession, donnation ou autrement, aussy ses douaire et préciput tels que dessus, franchement acquittés de toutte debte et hipothèque de la dite communauté, encore que la dite future espouze y eust parlé, s'y fust obligée ou y eust été condamnée; dont elle sera acquittée sur les biens du dit futur espoux; pour raison de quoy et des autres conventions cy dessus il y aura hipothèque du jour d'huy;

Et, en considération du dit futur mariage et de l'affection que la dite Damoiselle ou future espouze se dit avoir et porter au dit Sieur futur espoux, elle a par les présentes faict donation entre vifs, ce irrévocablement, et dans telle autre meilleure forme que donation peult valloir, au dit Sieur de La Grange, son futur espoux, ce acceptant, de tous et chacun les biens meubles et immeubles qui se trouveront appartenir à icelle damoiselle, au dit sieur futur espoux, au jour de son décès, en quoi qu'ils puissent consister, à l'exception seulement de la somme de trois mil livres que le dit Sieur de La Grange se réserve pour en disposer en la manière ainsy et ainsy (*sic*) et en faveur de qui il advisera, pour en jouir, faire et disposer par elle de la manière et aux charges, clauses et conditions suivantes, savoir qu'elle le survive et qu'il n'y ait point d'enfans vivans lors du décès du dit sieur futur espoux aussy nez et procréez du dit futur mariage, et à condition qu'elle demeurera en viduité;

Et, en cas qu'elle convolle en secondes noces, tous les dits biens du dit Sieur de La Grange, futur espoux, seront partagés entre elle et Achilles Varlet, sieur de Verneuil, frere du dit sieur futur espoux, également, ou les enfants d'iceluy sieur de Verneuil[1], en cas qu'il soit décéddé et ait laissé aucuns enfants, sinon aux autres héritiers collaté-

1. Verneuil n'était pas encore marié, il ne le fut que dix-neuf mois plus tard, le 25 novembre 1673, et devint père de plusieurs enfants.

raux, soit dudit sieur futur espoux ou du dit sieur de Verneuil ou à ses enfants par moityé, si mieux n'ayme leur bailler et payer la somme de six mil livres à son choix et option, au susdit sieur de Verneuil, ses dits enfants ou autres hoirs collatéraux, soit d'iceluy Sieur de La Grange, futur espoux ; au dit cas, faict donnation de la susdite moitié ou de la susdite somme de six mil livres tournois, au choix de la dite future espouze, ce qui a esté accepté par le dit Sieur de Verneuil soit pour luy, comme dit estoit, pour ses susdits enfants, hoirs, collatéraux, et comme il a esté cy dessus dit et exprimé, et, la dite damoiselle future espouze demeurant en viduité, comme dit est, et en ce cas et non autrement, icelle damoiselle a donné et donne au sieur de Verneuil, en cas qu'il la survive, ou bien aux enfants qui se trouveront vivans d'iceluy sieur de Verneuil, sy aucuns, à tous et chacun, les biens meubles et immeubles qui se trouveront appartenir à icelle damoiselle future espouze, au jour de son décès, en quelque monnaie et en quelque sorte et manière que ce puisse estre, pour en jouir, faire et disposer par le dit sieur de Verneuil ou ses dits enfans en pleine propriété et comme de leur chose, ce qui a esté accepté par le dit Sieur de Verneuil, tant pour lui que pour ses dits enfans.

Car (par?) ainsy et par ces présentes faisons assavoir au greffe des insinuations du Châtelet de Paris et partout ailleurs qu'il appartiendra : les dits sieur et Damoiselle futurs espoux et sieur de Verneuil ont faict et constitué leur procureur le porteur des présentes, au quel ils ont donné pouvoir, et d'en requérir les actes nécessaires, promettant et obligeant chacun en droict soy renoncer.

Faict et passé à Paris en la maison où la dite Damoiselle future espouze est demeurante, l'an 1672, ce vingt quatriesme jour d'avril, avant midy, et ont signé la minute demeurée vers et en la possession de Clément notaire. Signé : Ogier et Clément.

L'an MDCLXXII, mercredi troisième jour d'Aoust, le présent contrat a esté apporté au grefe du Châtelet de Paris et insinué, etc...

... Le quel acte est registré au présent registre. 139e volume des insinuations du dit Châtelet, etc.

Archives nationales (Y 224, f° 333, v°).

## UN COMPLIMENT DE LA GRANGE

### L'AMBASSADE DE SIAM ET LA COMÉDIE-FRANÇAISE

Extraits du *Mercure galant.*

---

### CE QUI S'EST PASSÉ A LA COMÉDIE, LE PREMIER JOUR QUE LES AMBASSADEURS Y ONT ÉTÉ.

« ... Ayant vu jouer *le Bourgeois gentilhomme*, il (M. l'Ambassadeur) comprit tout le sujet de la pièce sur ce qu'on lui en expliqua : et dit à la fin qu'il aurait souhaité qu'il y eût eu dans le dénouement de certaines choses qu'il marqua. M. de La Grange dit dans son compliment « Qu'ils (les Comédiens) avaient été souvent honorés de la présence de plusieurs Ambassadeurs, qui, poussés par leur curiosité, étaient venus admirer leurs spectacles, mais qu'ils n'avaient jamais eu l'avantage de voir chez eux des personnes dont la qualité de l'Ambassade, dans toutes ses circonstances, eût plus attiré d'admiration, et que c'était ce qui leur arrivait, ce jour-là, par leur présence; que toute la France était pleinement informée de l'estime particulière que notre Monarque faisait de leur mérite; et qu'aussi s'empressait-on à leur rendre de toutes parts les honneurs dus à leur caractère, chacun allant au-devant de tout ce qui leur pouvait être agréable; qu'il aurait été à souhaiter pour la Troupe qu'un peu d'habitude de la langue française leur eût rendu la pièce intelligible, afin qu'ils en eussent pu sentir la beauté : ce qui leur aurait mieux fait comprendre le zèle avec lequel ils s'étaient portés à leur donner quelque plaisir : qu'ils priaient leurs interprètes de le leur faire entendre, aussi bien que le désir qu'ils avaient de contribuer encore à leur divertissement pendant leur séjour à Paris. » Ce discours reçut beaucoup d'applaudissements, et l'Ambassadeur ayant rencontré M. de La Grange, lorsqu'il sortait de la Comédie, lui dit en français : « Je vous remercie, monsieur le Marquis, » parce qu'il avait joué le rôle du Marquis dans la pièce. » — Septembre 1686. 2e partie, p. 275-279[1].

### LES AMBASSADEURS SONT INVITÉS, APRÈS LEUR VOYAGE EN FLANDRES, A UNE FÊTE DONNÉE PAR MONSIEUR, A SAINT-CLOUD.

Deux jours après que les Ambassadeurs furent de retour de leur voyage de Flandres, ils furent invités à une fête que Monsieur donnait dans sa maison de Saint-

1. Il ne faut pas trop s'étonner de voir les ambassadeurs du roi de Siam proposer quelque agrément de plus pour la fin du *Bourgeois gentilhomme*, les trois mandarins étaient des gens d'esprit, très-fins, très-déliés et se tirant fort bien de la curiosité dont ils étaient l'objet. L'abbé de Dangeau, étant allé les voir, disait au premier ambassadeur que, pour pouvoir s'entretenir avec un homme de son mérite, il allait apprendre la langue siamoise. Quelque facile qu'elle soit, lui répondit l'ambassadeur, je vous épargnerai la moitié de la peine; j'essayerai moi-même d'apprendre le français. Mais il en savait plus qu'il ne le laissait paraître et n'eut pas à chercher beaucoup pour saluer La Grange d'un « Je vous remercie, monsieur le marquis ». Remarquons seulement qu'il aurait dû dire monsieur le comte. Pour un Siamois, l'erreur n'était pas grave ; mais le *Mercure* est moins excusable d'en avoir pris sa part.

Cloud... On y représenta *Bajazet*, de M. Racine, Trésorier de France. Les Ambassadeurs eurent le même rang qu'ils avaient eu au bal, et toujours à la droite de Monseigneur le Dauphin. Ils comprirent si bien le nœud de la pièce, par les choses qu'on leur expliqua, qu'ils entrèrent dans la beauté du sujet dont ils parlèrent juste, aussi bien que du jeu des acteurs, ce qui fut plusieurs fois rapporté à Monseigneur le Dauphin, à Madame la Dauphine, à Monsieur et à Madame pendant la Comédie. Cela leur fit donner beaucoup de louanges et admirer la justesse de leur goût et la pénétration de leur esprit. La Comédie étant finie à neuf heures et demie, on traversa l'Orangerie, etc... » — Janvier 1687. 2e partie, p. 162-174-5.

ILS VONT A LA COMÉDIE DE L'AVARE.

« Comme chacun s'empressait à leur donner des divertissements après leur retour de Flandres, et qu'on leur offrait l'Opéra et la Comédie, ils allèrent à *l'Avare* : et, ce qu'il y eut de surprenant, c'est que l'Ambassadeur dit pendant la pièce qu'il gagerait que la cassette où était l'argent de l'avare serait prise et que l'avare serait trompé. Ce qui, étant arrivé selon sa pensée, dut lui faire beaucoup de plaisir, et fit connaître dans le même temps combien la pénétration de son esprit est grande pour les choses qui sont de son usage. » — *Ibid.*, p. 184-5.

ILS VONT A LA COMÉDIE DE L'INCONNU.

« La dernière comédie qu'ils ont vue a été celle de *l'Inconnu* (le *Mercure* ne pouvait pas encore s'oublier en cette circonstance). Ils prirent beaucoup de plaisir aux ornements dont cette pièce est remplie et surent en démêler le sujet. M. de La Grange les remercia de ce que leur Troupe avait été la première et la dernière honorée de leur présence : et marqua la joie qu'ils devaient avoir de remporter une réputation si universelle, et d'avoir plu dans une Cour qui sert de modèle à toutes les autres et où l'on a bientôt découvert le faux mérite. Il dit encore beaucoup d'autres choses qui seraient trop longues à rapporter[1]. » — *Ibid.*, p. 319.

---

En 1668, Paris avait eu l'événement d'une ambassade non moins extraordinaire alors que ne le fut celle de Siam : c'était l'ambassade de Moscovie. M. de Saint-Laurent.

1. Ce ne sont là, malheureusement, que de pauvres analyses, faites sans goût. Si l'on veut avoir une meilleure idée du style de La Grange tenant la plume de la Comédie, on lira, dans le tome XIV des frères Parfaict, l'article sur *l'Aventurier* de de Visé, sur les deux lectures de l'ouvrage et sur la correspondance à laquelle il donna lieu avant sa chute. Il y a là, en réponse à une épître cavalière de l'auteur, une lettre des Comédiens qui est un modèle de netteté, de convenance et de fermeté polie. On ne saurait douter que cette lettre n'ait été rédigée par La Grange. Un seul membre de phrase y sort tant soit peu de la mesure, en rappelant à de Visé un éloge indiscret qu'il s'est donné lui-même : « Il est vrai, Monsieur, dit la lettre, qu'à la première lecture que vous en avez faite (de la pièce, bien entendu), nous l'avons acceptée à la condition que vous la mettriez en état d'être jouée, et, lorsque vous vîntes à une autre assemblée nous assurer que vous l'aviez rendue si parfaite et si plaisante qu'il serait impossible que le public en la voyant ne lui donnât des applaudissements *et ne fit des éclats de rire de ligne en ligne*, sur cette assurance on confirma la parole donnée. » Mais l'épître de de Visé contenait une allusion sournoise aux Comédies de Dancourt, *et les éclats de rire de ligne en ligne*, qui ont bien l'air d'une intercalation, doivent être la riposte de Dancourt, — ajoutée avec l'approbation de l'assemblée.

depuis précepteur du Duc de Chartres, envoyé par le Roi pour recevoir à la frontière l'ambassadeur Pierre-Joannidès Poterquin (*sic*), l'amena le 30 août à Bourg-la-Reine et le lendemain à Paris, où il fut la grande curiosité du moment, avec l'appareil tout nouveau de sa suite. L'audience solennelle eut lieu le 4 septembre à Saint-Germain, où l'ambassadeur dut passer quelques jours. Libre enfin de visiter Paris, il voulut y prendre le plaisir du spectacle.

« Le 16, on donna à l'Ambassadeur, à son fils, au Chancelier et à toute leur suite le divertissement de la comédie des *Coups de l'Amour et de la Fortune*, représentée par la Troupe du Marais, avec des changements de théâtre et des entrées de ballet qui les réjouirent fort, et ils demandèrent du vin qu'on leur fit apporter.

« Le 18, la Troupe du sieur Molière représenta *l'Amphitryon* (c'était la pièce à grand spectacle) avec des machines et des entrées de ballet qui plurent extrêmement à l'Ambassadeur et à son fils, à qui on présenta, sur l'amphithéâtre où ils étaient, deux grands bassins, l'un de confitures sèches, l'autre de fruits, dont ils ne mangèrent point; mais ils burent et remercièrent les comédiens. (La Grange dut aussi les complimenter, ce jour-là.) Le Chancelier, qui se trouva mal, ne fut pas de la partie[1]. »

1. Nous devons l'indication de cette anecdote intéressante pour l'histoire du Théâtre-Français à la riche érudition dont M. Paul Lacroix fait si généreusement part à qui la consulte.

La Grange n'a pas parlé des ambassadeurs moscovites. Le spectacle de gala que leur donna Molière vint assez mal à propos couper les représentations de *l'Avare* entre la quatrième et la cinquième. Il fit une recette de 618 livres. La quatrième représentation de *l'Avare*, donnée le dimanche 16, en avait fait une de 664; mais les autres décrurent tout de suite.

*Mémoires du baron de Breteuil.* Bibl. de l'Ars. Mss. H. F., in-fol°, p. 226. — M. de Breteuil a conservé dans ces *Mémoires* une copie du journal tenu par M. de Saint-Laurent, sur le séjour de l'ambassade en France, journal curieux, s'il en fut, par la singularité des mœurs moscovites au XVII^e siècle, et que les indispositions diplomatiques du Chancelier, rendent amusant comme de la comédie.

L'Hôtel de Bourgogne s'était aussi promis l'honneur d'avoir l'ambassade russe ; il l'avait annoncée à son public, il l'avait affichée pour le 23 ; mais l'ambassade lui manqua de parole ; Louis XIV, ce jour-là même, la reçut en audience de congé. Confitures et liqueurs, harangue et recette perdues. L'Hôtel se rattrapa en exploitant tout de suite la circonstance avec *les Faux Moscovites* de Poisson.

Un an après la mort de La Grange, Raisin cadet mourut à son tour. Une année encore, Raisin l'aîné prenait sa retraite. Baron avait pris la sienne et boudait depuis 1691. C'étaient des pertes considérables pour la Comédie. Gâcon, le poëte sans fard — s'il eût été poëte seulement! — déplora les misères du Théâtre dans une épigramme qu'il remit deux fois sur le métier et ne réussit pas trop à rendre meilleure. Nous la citons toutefois, à titre de simple épitaphe :

En France, je ne vois personne
Qui ne se plaigne que l'automne
Ne produit que très-peu de vin ;
Nos comédiens même, ayant perdu La Grange,
Baron et le pauvre Raisin,
Ne feront plus bonne vendange.

Tout le monde se plaint que l'année est stérile
Et que, si cela dure, on va mourir de faim ;
Mais les comédiens du faubourg Saint-Germain
Ont plus sujet qu'aucuns d'en émouvoir leur bile ;
Car, n'ayant plus chez eux La Grange ni Raisin,
Leur Troupe ne pourra serrer ni blé, ni vin.

ÉDOUARD THIERRY.

1. Gâcon, *Discours satiriques*, 1696.

FIN.

# TABLE

www.ingramcontent.com/pod-product-compliance
Ingram Content Group UK Ltd.
Pitfield, Milton Keynes, MK11 3LW, UK
UKHW031907260826
14628UKWH00003B/1042

9 782329 566023